KUCHNIA ANDALUZYJSKA

100 hiszpańskich przepisów z krainy tysiąca krajobrazów

Bianka Szymczak

Prawa autorskie ©2024

Wszelkie prawa zastrzeżone

Żadna część tej książki nie może być wykorzystywana ani rozpowszechniana w jakiejkolwiek formie i w jakikolwiek sposób bez odpowiedniej pisemnej zgody wydawcy i właściciela praw autorskich, z wyjątkiem krótkich cytatów użytych w recenzji. Niniejsza książka nie powinna być traktowana jako substytut porady lekarskiej, prawnej lub innej porady zawodowej.

SPIS TREŚCI

SPIS TREŚCI **3**
WSTĘP **6**
ŚNIADANIE **7**
   1. Tortilla hiszpańska (Tortilla Española) 8
   2. Churros z czekoladą 10
   3. Magdalena 12
   4. Jajka Złamany z Jamón 14
   5. Hiszpański omlet ze szpinakiem i fetą 16
   6. Hiszpańskie Chicharrónes z Jajka 18
   7. Hiszpański suflet śniadaniowy 20
   8. Bekon, czerwona papryka i mozzarella Omlet 22
   9. Załadowana hiszpańska polenta 24
  10. Pisto z Jajka 26
  11. Muffinki śniadaniowe z otrębami 28
  12. Hiszpańskie opakowanie śniadaniowe 30
  13. Pan z Tomate (chleb pomidorowy) 32
  14. Hiszpański hasz z dwóch ziemniaków 34
  15. Hiszpańskie babeczki jajeczne 36
  16. Nocna owsianka z orzeszkami piniowymi 38
  17. Jajecznica ze szpinakiem i jajkiem 40
  18. Mieszanka Fety i Pomidorów 42
  19. Omlet z Pomidorów i Fety 44
  20. Jogurt Grecki z Miozm i Orzechami 46
  21. Hiszpańska miska śniadaniowa 48
  22. Sałatka hiszpańska z awokado i pomidorami 50

PRZYSTAWKI **52**
  23. Chrupiące placuszki z krewetkami 53
  24. Nadziewane pomidory 55
  25. Placuszki z solonego dorsza z Aioli 57
  26. Krokiety z krewetkami 60
  27. Chrupiące, pikantne ziemniaki 62
  28. Krewetka gambas 64
  29. Winegret z małży 66
  30. Papryka nadziewana ryżem 68
  31. Kalmary z rozmarynem i oliwą chili 70
  32. Sałatka z makaronem caprese 72
  33. Bruschetta balsamiczna 74
  34. Przekąski z przegrzebków i prosciutto 76

35. Bakłażany z miozm 78
36. Kiełbasa gotowana w cydrze 80
37. Hiszpańskie kebaby wołowe 82
38. Manchego z Konfiturą Pomarańczową 84
39. Kurczak Pintxo 87
40. Churros w pięciu smakach 89
41. Pikantne churros kukurydziane 91

DANIE GŁÓWNE 95
42. Paella Valenciana 96
43. Gazpacho Andaluz (zimna zupa pomidorowa) 98
44. Hiszpański ryż 100
45. Hiszpańska sałatka ziemniaczana 102
46. Hiszpańska carbonara 104
47. Pulpety w sosie pomidorowym 106
48. zupa z białej fasoli 108
49. Fabada Asturiana (asturyjski gulasz z fasoli) 110
50. Kurczak Marsala 112
51. Kurczak Fettuccini Alfredo 114
52. Kolacja z owocami morza Diavolo 116
53. Linguine i krewetki Scampi 118
54. Krewetki z Sosem Kremowym Pesto 120
55. Zupa rybna i chorizo 122
56. Hiszpański ratatuj 124
57. Gulasz z fasoli i chorizo 126
58. Gazpacho 128
59. Kalmary i Ryż 130
60. Gulasz z królika w pomidorach o 132
61. Krewetki z Koprem Włoskim 134

ZSER 136
62. Flan z Leche (flan hiszpański) 137
63. Tarta z Santiago (ciasto migdałowe) 139
64. Serowa Galette z Salami 141
65. Kremowe ciasto z ricottą 143
66. ciasteczka anyżowe 145
67. Ciasto Karmelowe 147
68. Krem kataloński 149
69. Hiszpański krem pomarańczowo-cytrynowy 151
70. D zgniły melon 153
71. Sorbet migdałowy 155
72. Hiszpański tort jabłkowy 157
73. Krem karmelowy 160
74. Sernik hiszpański 162
75. Hiszpański smażony krem 164

76. Hiszpańskie cukierki orzechowe 166
77. Miód i budyń 168
78. Hiszpański tort cebulowy 170
79. Suflet hiszpański z patelni 172

NAPOJE 174
80. Rum i Imbir 175
81. Hiszpańska Sangria 177
82. Tinto z Verano 179
83. Sangria z białego wina 181
84. Horchata 183
85. Licor 43 Cuba Libre 185
86. Owoce świeża woda 187
87. Caipirinha 189
88. Carajillo 191
89. Likier cytrynowy 193
90. Sgroppino 195
91. Aperol Spritz 197
92. Imbir 199
93. Hugo 201
94. Hiszpańskie frappé ze świeżych owoców 203
95. Gorąca czekolada w stylu hiszpańskim 205
96. Zielone Chinotto 207
97. Roza Spritz 209
98. Miód bee cortado 211
99. Gorzkie cytrusy 213
100. Pisco Kwaśny 215

WNIOSEK 217

WSTĘP

Witamy w „Kuchnia Andaluzyjska", gdzie zagłębiamy się w bogate dziedzictwo kulinarne południowego regionu Hiszpanii, znanego z różnorodnych krajobrazów, tętniącej życiem kultury i pysznej kuchni. Dzięki zapierającym zch w piersiach liniom brzegowym, żyznym równinom i majestatycznym górom Andaluzja to kraina kontrastów, która od wieków urzeka podróżników i miłośników jedzenia. W tej książce kucharskiej celebrujemy smaki i tradycje kuchni andaluzyjskiej za pomocą 100 autentycznych przepisów, które ukazują kulinarną różnorodność i kulinarną kreatywność regionu.

Z tą książką kucharską wyruszysz w kulinarną podróż po Andaluzji, odkrywając bogactwo smaków i składników odzwierciedlających wyjątkowe wpływy kulturowe i różnorodność geograficzną regionu. Od kultowego gazpacho i orzeźwiającego salmorejo po obfite gulasze, takie jak rabo z toro, i tradycyjne tapas, takie jak gambas al ajillo, każdy przepis to celebracja andaluzyjskiej kuchni, gdzie świeże, sezonowe składniki przekształcają się w niezapomniane doznania kulinarne.

Tym, co wyróżnia „Kuchnia Andaluzyjska", jest nacisk na autentyczność i tradycję. Każdy przepis został skrupulatnie zbadany i przetestowany, aby mieć pewność, że oddaje prawdziwą esencję kuchni andaluzyjskiej, honorując wielowiekowe techniki gotowania i kombinacje smaków przekazywane z pokolenia na pokolenie. Niezależnie od tego, czy jesteś doświadczonym kucharzem, czy nowicjuszem kulinarnym, te przepisy pozwolą Ci poznać bogatą gamę smaków, które zfiniują andaluzyjską gastronomię.

W tej książce kucharskiej znajdziesz praktyczne wskazówki dotyczące pozyskiwania autentycznych składników , opanowania podstawowych technik gotowania i tworzenia niezapomnianych wrażeń kulinarnych inspirowanych krajobrazami i tradycjami Andaluzji. Niezależnie od tego, czy organizujesz świąteczne spotkanie z przyjaciółmi, czy po prostu chcesz wzbogacić swoje posiłki smakami Hiszpanii, „C Kuchnia Andaluzyjska" zaprasza Cię do zlektowania się bogactwem i różnorodnością kuchni andaluzyjskiej we własnym domu.

ŚNIADANIE

1. Tortilla hiszpańska (Tortilla Española)

SKŁADNIKI:
- 6 dużych jaj
- 1 funt (około 3 średnie) ziemniaków, obranych i pokrojonych w cienkie plasterki
- 1 duża cebula, pokrojona w cienkie plasterki
- Sól dla smaku
- Oliwa z oliwek do smażenia

INSTRUKCJE:
a) Na dużej patelni rozgrzej dużą ilość oliwy z oliwek na średnim ogniu. Dodaj ziemniaki i cebulę, dopraw solą i gotuj zlikatnie, mieszając od czasu do czasu, aż ziemniaki będą miękkie, ale nie rumiane, około 20 minut.

b) W dużej misce ubij jajka ze szczyptą soli. Ziemniaki i cebulę odsączamy z oleju i dodajemy do ubitych jajek, zlikatnie mieszając.

c) Usuń większość oleju z patelni, zostawiając tyle, aby pokrył dno. Rozgrzej patelnię na średnim ogniu i dodaj mieszaninę jajek, ziemniaków i cebuli, równomiernie ją rozprowadzając.

d) Gotuj tortillę, aż spód będzie złocistobrązowy, a wierzch będzie gotowy, ale lekko płynny, około 5 minut. Połóż duży talerz na patelni i ostrożnie przełóż tortillę na talerz, a następnie wsuń ją z powrotem na patelnię, aby usmażyć drugą stronę. Gotuj przez kolejne 3-5 minut, aż uzyskasz złoty kolor.

e) Przed podaniem tortillę należy pozostawić na kilka minut do ostygnięcia. Można go pić na gorąco, w temperaturze pokojowej lub na zimno.

2.Churros z czekoladą

SKŁADNIKI:
DLA CHURROS:
- 1 szklanka wody
- 1/2 szklanki masła
- 1/4 łyżeczki soli
- 1 Mąkę o wszechstronnym przeznaczeniu
- 3 jajka
- Olej roślinny do smażenia
- Cukier do posypania

SOS CZEKOLADOWY:
- 1/2 szklanki gorzkiej czekolady, posiekanej
- 1 szklanka mleka
- 1 łyżka skrobi kukurydzianej
- 2 łyżki cukru

INSTRUKCJE:
a) W rondlu zagotuj wodę, masło i sól. Dodaj mąkę na raz, energicznie mieszając, aż mieszanina utworzy kulę. Zdjąć z ognia i lekko ostudzić.
b) Wbijaj jajka do ciasta pojedynczo, upewniając się, że każż z nich zostało całkowicie wchłonięte przed dodaniem kolejnego.
c) Rozgrzej olej w głębokiej frytkownicy lub dużej patelni do 190°C (375°F). Odciskaj paski ciasta na olej za pomocą rękawa cukierniczego z dużą końcówką w kształcie gwiazdki. Smażymy na złoty kolor, następnie wyjmujemy i odsączamy na ręcznikach papierowych. Jeszcze ciepłe wsypać cukier.
d) Aby przygotować sos czekoladowy, wymieszaj skrobię kukurydzianą z odrobiną mleka, aby uzyskać pastę. W ronzlku podgrzej pozostałe mleko z cukrem. Dodać czekoladę i pastę ze skrobi kukurydzianej, ubijać, aż czekolada się rozpuści, a sos zgęstnieje.
e) Podawaj ciepłe churros z sosem czekoladowym do maczania.

3.Magdalena

SKŁADNIKI:
DLA CHURROS:
- 1 szklanka wody
- 1/2 szklanki masła
- 1/4 łyżeczki soli
- 1 Mąkę o wszechstronnym przeznaczeniu
- 3 jajka
- Olej roślinny do smażenia
- Cukier do posypania

SOS CZEKOLADOWY:
- 1/2 szklanki gorzkiej czekolady, posiekanej
- 1 szklanka mleka
- 1 łyżka skrobi kukurydzianej
- 2 łyżki cukru

INSTRUKCJE:
a) W rondlu zagotuj wodę, masło i sól. Dodaj mąkę na raz, energicznie mieszając, aż mieszanina utworzy kulę. Zdjąć z ognia i lekko ostudzić.
b) Wbijaj jajka do ciasta pojedynczo, upewniając się, że każż z nich zostało całkowicie wchłonięte przed dodaniem kolejnego.
c) Rozgrzej olej w głębokiej frytkownicy lub dużej patelni do 190°C (375°F). Odciskaj paski ciasta na olej za pomocą rękawa cukierniczego z dużą końcówką w kształcie gwiazdki. Smażymy na złoty kolor, następnie wyjmujemy i odsączamy na ręcznikach papierowych. Jeszcze ciepłe wsypać cukier.
d) Aby przygotować sos czekoladowy, wymieszaj skrobię kukurydzianą z odrobiną mleka, aby uzyskać pastę. W ronzlku podgrzej pozostałe mleko z cukrem. Dodać czekoladę i pastę ze skrobi kukurydzianej, ubijać, aż czekolada się rozpuści, a sos zgęstnieje.
e) Podawaj ciepłe churros z sosem czekoladowym do maczania.

3.Magdalena

SKŁADNIKI:
- 2/3 szklanki oliwy z oliwek lub oleju roślinnego
- 3/4 szklanki cukru
- Skórka z 1 cytryny
- 3 duże jajka
- 1 1/2 szklanki mąki uniwersalnej
- 1 1/2 łyżeczki proszku do pieczenia
- 1/4 szklanki mleka
- Szczypta soli

INSTRUKCJE:
a) Rozgrzej piekarnik do 190°C i wyłóż formę do muffinów papierowymi papilotkami.
b) W misce wymieszaj oliwę, cukier i skórkę z cytryny. Dodawaj jajka, jedno po drugim, dobrze ubijając po każdym dodaniu.
c) Do masy jajecznej przesiej mąkę, proszek do pieczenia i sól, na zmianę z mlekiem, i mieszaj, aż składniki się połączą.
d) Foremki na muffinki napełnij ciastem do 3/4 wysokości. Piecz przez 18-20 minut lub do momentu, aż ciasto będzie złociste, a wykałaczka wbita w środek będzie czysta.
e) Podawaj magdaleny z cafe z leche na tradycyjne hiszpańskie śniadanie.

4.Jajka Złamany z Jamón

SKŁADNIKI:

- 2 duże ziemniaki, obrane i pokrojone w cienkie plasterki lub kostkę
- Oliwa z oliwek do smażenia
- Sól dla smaku
- 4 jajka
- 4 plastry Jamón Serrano lub Iberico (hiszpańska szynka peklowana)
- Opcjonalnie: pokrojona w plasterki zielona papryka lub cebula dla dodania smaku

INSTRUKCJE:

a) Rozgrzej dużą ilość oliwy z oliwek na dużej patelni na średnim ogniu. Dodaj ziemniaki (oraz zieloną paprykę lub cebulę, jeśli używasz), dopraw solą i smaż, aż będą złociste i chrupiące. Wyjąć i odsączyć na ręcznikach papierowych.

b) Na tej samej patelni zredukuj olej do poziomu wystarczającego do usmażenia jajek. Jajka wbijamy na patelnię i smażymy według uznania, doprawiając odrobiną soli.

c) Ułóż smażone ziemniaki na talerzu, połóż jajka sadzone, a następnie pokrój na wierzch plasterki Jamón Serrano lub Iberico. Ciepło jajek i ziemniaków lekko podgrzeje szynkę.

d) Podawaj natychmiast, rozbijając żółtka tak, aby pokryły ziemniaki i szynkę, mieszając wszystko podczas jedzenia.

5.Hiszpański omlet ze szpinakiem i fetą

SKŁADNIKI:
- 2 duże jajka
- 1 łyżka oliwy z oliwek
- ¼ szklanki sera feta, pokruszonego
- Garść liści szpinaku
- Sól i pieprz do smaku

INSTRUKCJE:
a) W misce roztrzep jajka, dopraw solą i pieprzem.
b) Rozgrzej oliwę z oliwek na patelni z powłoką nieprzywierającą na średnim ogniu.
c) Dodać szpinak i smażyć aż zwiędnie.
d) Roztrzepane jajka wylać na warzywa i odstawić na chwilę.
e) Posyp serem feta jedną połówkę omletu i przykryj drugą połówką.
f) Gotuj, aż jajka całkowicie się zetną.

6. Hiszpańskie Chicharrónes Z Jajka

SKŁADNIKI:
- 1 szklanka chicharrónes wieprzowych (smażonych skórek wieprzowych), pokruszonych
- 4 duże jajka
- ½ szklanki pokrojonych w kostkę pomidorów
- ¼ szklanki pokrojonej w kostkę czerwonej cebuli
- 2 łyżki oliwy z oliwek

INSTRUKCJE:
a) W misce ubij jajka i dopraw solą i pieprzem.
b) Rozgrzej oliwę z oliwek na patelni na średnim ogniu.
c) Na patelnię dodaj pokrojone w kostkę pomidory, pokrojoną w kostkę czerwoną cebulę i pokrojone w kostkę papryczki jalapeño. Smażyć, aż warzywa zmiękną.
d) Na patelnię wlać roztrzepane jajka, zlikatnie wymieszać, aby połączyć się z warzywami.
e) Gdy jajka zaczną się ścinać, dodaj pokruszone chicharrónes na patelnię, kontynuując mieszanie, aż jajka się zetną.
f) Podawać na gorąco, posypane posiekaną świeżą kolendrą i plasterkami limonki z boku.

7. Hiszpański suflet śniadaniowy

SKŁADNIKI:
- 6 dużych jaj, oddzielonych
- ½ szklanki sera feta, pokruszonego
- ¼ szklanki czarnych oliwek, pokrojonych w plasterki
- ¼ szklanki suszonych pomidorów, posiekanych
- ¼ szklanki świeżej bazylii, posiekanej

INSTRUKCJE:
a) Rozgrzej piekarnik do 190°C (375°F).
b) Ubij żółtka, aż dobrze się połączą w dużej misce.
c) W osobnej misce ubijaj białka, aż utworzą się sztywne szczyty.
d) Zlikatnie wymieszaj z ubitymi żółtkami ser feta, pokrojone w plasterki czarne oliwki, posiekane suszone pomidory i świeżą bazylię.
e) Ostrożnie dodaj ubite białka, aż się połączą.
f) Dopraw solą i pieprzem do smaku.
g) Nasmaruj naczynie do pieczenia i wlej do niego mieszaninę.
h) Piec przez 25-30 minut lub do momentu, aż suflet będzie napęczniały i złocistobrązowy.
i) Wyjąć z piekarnika i pozostawić do ostygnięcia przed podaniem.

8.Bekon, czerwona papryka i mozzarella Omlet

SKŁADNIKI:
- 7 plasterków boczku
- 1 łyżka oliwy z oliwek
- 4 duże jajka
- 4 uncje świeżego sera mozzarella, pokrojonego w kostkę
- 1 średnia czerwona papryka

INSTRUKCJE:
a) Rozgrzej piekarnik do 350°F.
b) Na rozgrzaną patelnię wlej 1 łyżkę oliwy z oliwek i podsmaż 7 plasterków boczku, aż się zrumieni.
c) Dodaj posiekaną czerwoną paprykę na patelnię i dobrze wymieszaj.
d) Ubij 4 duże jajka w misce, dodaj 4 uncje świeżej mozzarelli pokrojonej w kostkę i dobrze wymieszaj.
e) Dodaj mieszaninę jajek i sera na patelnię, dbając o równomierne rozprowadzenie.
f) Smaż, aż jajka zaczną osadzać się na brzegach.
g) Zetrzyj 2 uncje koziego sera na wierzch frittaty.
h) Przenieś patelnię do piekarnika i piecz przez 6-8 minut w temperaturze 350°F, następnie piecz przez dodatkowe 4-6 minut, aż wierzch będzie złotobrązowy.
i) Wyjąć z piekarnika i dać mu chwilę odpocząć.
j) Ostrożnie zzjmij frittatę z patelni, uzkoruj świeżą posiekaną natką pietruszki i pokrój w plasterki przed podaniem.

9.Załadowana hiszpańska polenta

SKŁADNIKI:
- 1 szklanka polenty
- 4 szklanki bulionu warzywnego
- 2 łyżki oliwy z oliwek
- 1 puszka (400 g) pokrojonych w kostkę pomidorów, odsączonych
- 1 szklanka posiekanych serc karczochów

INSTRUKCJE:

a) W średnim rondlu zagotuj bulion warzywny. Wsyp polentę, ciągle mieszając, aż masa będzie gęsta i kremowa.

b) Na osobnej patelni rozgrzej oliwę z oliwek na średnim ogniu. Podsmaż drobno posiekaną cebulę, aż będzie przezroczysta.

c) Na patelnię dodaj posiekany czosnek i smaż kolejne 1-2 minuty.

d) Dodaj odsączone, pokrojone w kostkę pomidory, posiekane serca karczochów, dopraw solą i pieprzem. Gotuj przez 5-7 minut, aż się rozgrzeje.

e) Wlać hiszpańską mieszankę warzywną na polentę, zlikatnie mieszając do połączenia.

10.Pisto z Jajka

SKŁADNIKI:
- 2 łyżki oliwy z oliwek
- 1 cebula, pokrojona w kostkę
- 1 zielona papryka, pokrojona w kostkę
- 1 czerwona papryka, pokrojona w kostkę
- 2 cukinie, pokrojone w kostkę
- 2 pomidory, obrane i pokrojone
- Sól i pieprz do smaku
- 4 jajka
- Posiekana natka pietruszki do zkoracji

INSTRUKCJE:
a) Rozgrzej oliwę z oliwek na dużej patelni na średnim ogniu. Dodaj cebulę i paprykę, smaż, aż zaczną mięknąć.
b) Dodać cukinię i smażyć jeszcze kilka minut, aż zacznie mięknąć.
c) Dodaj pomidory, dopraw solą i pieprzem i gotuj na wolnym ogniu, aż mieszanina zgęstnieje, około 15-20 minut, od czasu do czasu mieszając.
d) Gdy warzywa będą miękkie, a mieszanina nabierze konsystencji sosu, zrób w pisto cztery wgłębienia i wbij po jajku do każzgo z nich. Przykryj patelnię i smaż, aż jajka będą takie, jakie lubisz.
e) Przed podaniem posypać posiekaną natką pietruszki.

11. Muffinki śniadaniowe z otrębami

SKŁADNIKI:
- 2 szklanki płatków zbożowych z otrąb
- 1 1/2 szklanki mąki uniwersalnej
- 1/2 szklanki rodzynek
- 1/3 szklanki cukru
- 3/4 szklanki świeżego soku pomarańczowego

INSTRUKCJE:
a) Rozgrzej piekarnik do 400°F.
b) Zlikatnie naoliwij formę do muffinów na 12 muffinów lub wyłóż ją papierowymi papilotkami.
c) W dużej misce wymieszaj płatki otrębowe, mąkę, rodzynki, cukier i sól.
d) W średniej misce wymieszaj świeży sok pomarańczowy i olej.
e) Wlać mokre składniki do suchych i wymieszać aż do zwilżenia.
f) Łyżką nałóż ciasto do przygotowanej formy na muffiny, wypełniając foremki do około dwóch trzecich wysokości.
g) Piec do złotego koloru i wykałaczki włożonej w muffinkę po wyjęciu suchą, około 20 minut.
h) Podawaj muffinki na ciepło.

12. Hiszpańskie opakowanie śniadaniowe

SKŁADNIKI:
- Wrap pełnoziarnisty lub podpłomyk
- Hummus
- Wędzony łosoś
- Ogórek, pokrojony w cienkie plasterki
- Świeży koperek, posiekany

INSTRUKCJE:
a) Rozłóż hummus równomiernie na opakowaniu pełnoziarnistym.
b) Ułóż warstwy wędzonego łososia i pokrojonego w cienkie plasterki ogórka.
c) Posypać posiekanym świeżym koperkiem.
d) Zwiń ciasno folię i przekrój ją na pół.

13. Pan z Tomate (chleb pomidorowy)

SKŁADNIKI:
- 4 kromki chrupiącego chleba
- 2 dojrzałe pomidory przekrojone na połówki
- 1 ząbek czosnku, obrany
- Oliwa z oliwek z pierwszego tłoczenia
- Sól dla smaku
- Opcjonalnie: plasterki szynki lub sera do posypania

INSTRUKCJE:
a) Podsmaż kromki chleba, aż będą złociste i chrupiące.
b) Tostowe pieczywo nacieramy lekko ząbklem czosnku.
c) Pomidory przekrój na pół i natrzyj otwartą stroną pomidorów nad chlebem, lekko dociskając, aby wypuścić sok i miąższ na chleb. Chleb powinien być wilgotny od pomidorów.
d) Każdą porcję skrop oliwą i posyp solą do smaku.
e) W razie potrzeby uzkoruj plasterkami szynki lub sera. Natychmiast podawaj.

14. Hiszpański hasz z dwóch ziemniaków

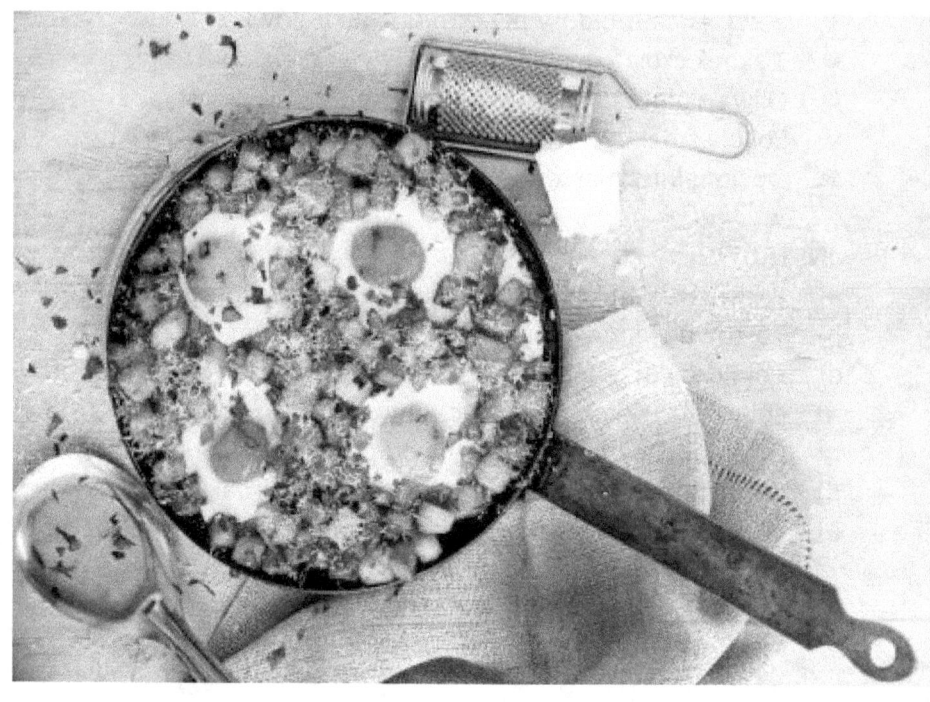

SKŁADNIKI:
- Oliwa z oliwek do smażenia
- ½ cebuli, grubo posiekanej
- 80g wędzonych kostek pancetty
- 1 duży słodki ziemniak, pokrojony w 2 cm kostkę
- 2-3 średnie ziemniaki Désirée, pokrojone w 2 cm kostkę

INSTRUKCJE:
a) Rozgrzej oliwę z oliwek na dużej patelni na średnim ogniu.
b) Dodaj grubo posiekaną cebulę i smaż, aż będzie przezroczysta.
c) Na patelnię wrzucamy wędzone kostki pancetty i smażymy, aż zaczną się rumienić.
d) Na patelnię dodaj słodkie ziemniaki i ziemniaki Désirée. Gotuj, aż ziemniaki będą miękkie i będą mieć złocistobrązową skórkę (około 15 minut).
e) Zrób cztery dołki w haszu i wbij jajko do każzgo z nich. Przykryj patelnię i smaż, aż jajka będą gotowe, tak jak lubisz.
f) Uzkoruj drobno startym parmezanem i posiekaną świeżą natką pietruszki.

15. Hiszpańskie babeczki jajeczne

SKŁADNIKI:

- 6 dużych jaj
- ½ szklanki pomidorków koktajlowych, pokrojonych w kostkę
- ½ szklanki posiekanego szpinaku
- ¼ szklanki sera feta, pokruszonego
- 1 łyżka czarnych oliwek, pokrojonych w plasterki

INSTRUKCJE:

a) Rozgrzej piekarnik do 190°C (375°F). Formę do muffinów wysmaruj oliwą lub użyj papierowych papilotek.
b) W misce wymieszaj jajka. Doprawić solą i pieprzem.
c) Na patelni podsmaż pomidorki koktajlowe, szpinak i czerwoną paprykę na oliwie z oliwek, aż zmiękną.
d) Rozłóż równomiernie smażone warzywa w przygotowanej formie na muffiny.
e) Wlać roztrzepane jajka do warzyw w każzj muffinkowej formie.
f) Na wierzch każzj muffinki jajecznej posyp pokruszonym serem feta, pokrojonymi w plasterki czarnymi oliwkami i posiekaną świeżą natką pietruszki.
g) Piec w nagrzanym piekarniku przez 15-20 minut lub do momentu, aż jajka się zetną, a wierzch będzie złotobrązowy.
h) Zanim wyjmiesz muffinki z formy, poczekaj kilka minut, aż muffinki jajeczne ostygną.

16. Nocna owsianka z orzeszkami piniowymi

SKŁADNIKI:
- 1 szklanka staromodnych płatków owsianych
- 1 szklanka jogurtu greckiego
- 1 szklanka mleka (mlecznego lub roślinnego)
- 2 łyżki miodu
- 2 łyżki orzeszków piniowych, uprażonych

INSTRUKCJE:
a) W misce wymieszaj płatki owsiane, jogurt grecki, mleko, miód i ekstrakt waniliowy. Mieszaj, aż dobrze się wymiesza.
b) Dodać prażone orzeszki piniowe.
c) Podziel mieszaninę do dwóch słoików lub hermetycznych pojemników.
d) Zamknij słoiki lub pojemniki i wstaw do lodówki na noc lub co najmniej na 4 godziny, aby płatki owsiane zmiękły, a smaki się połączyły.
e) Przed podaniem dobrze wymieszaj nocne płatki owsiane. Jeśli jest za gęste, można dodać odrobinę mleka do uzyskania pożądanej konsystencji.

17.Jajecznica ze szpinakiem i jajkiem

SKŁADNIKI:
- 4 duże jajka
- 2 szklanki świeżego szpinaku, posiekanego
- 1 łyżka oliwy z oliwek
- ½ cebuli, drobno posiekanej
- Sól i pieprz do smaku

INSTRUKCJE:
a) W misce ubij jajka i dopraw solą i pieprzem.
b) Rozgrzej oliwę z oliwek na patelni na średnim ogniu.
c) Dodać posiekaną cebulę i smażyć, aż zmięknie.
d) Na patelnię dodaj posiekany czosnek i posiekany szpinak. Gotuj, aż szpinak zwiędnie.
e) Wlać roztrzepane jajka na patelnię z mieszanką szpinakową.
f) Zlikatnie mieszaj jajka szpatułką, aż będą ugotowane, ale nadal wilgotne.
g) Zzjmij patelnię z ognia.
h) Opcjonalnie: W razie potrzeby posyp jajka pokruszonym serem feta i wymieszaj.
i) Uzkoruj przekrojonymi na pół pomidorkami koktajlowymi i posiekaną świeżą natką pietruszki.
j) Podawaj gorącą jajecznicę ze szpinakiem i jajkiem i ciesz się smakiem!

18. Mieszanka Fety i Pomidorów

SKŁADNIKI:
- Jajka
- Ser feta, pokruszony
- Pomidorki koktajlowe, pokrojone w kostkę
- Świeża bazylia, posiekana
- Oliwa z oliwek

INSTRUKCJE:
a) W misce ubij jajka i dopraw solą i pieprzem.
b) Na patelni rozgrzej oliwę z oliwek i wbij jajka.
c) Dodać pokruszoną fetę i pokrojone w kostkę pomidorki koktajlowe.
d) Gotuj, aż jajka całkowicie się zetną.
e) Przed podaniem posypujemy posiekaną świeżą bazylią.

19.Omlet z Pomidorów i Fety

SKŁADNIKI:
- 2 łyżeczki oliwy z oliwek
- 4 jajka, ubite
- 8 pomidorków koktajlowych, posiekanych
- 50 g sera feta, pokruszonego
- mieszanka liści sałat, do podania (opcjonalnie)

INSTRUKCJE:
- Na patelni rozgrzewamy oliwę, wbijamy jajka i smażymy, od czasu do czasu mieszając. Po kilku minutach posypać fetą i pomidorami. Gotuj przez kolejną minutę przed podaniem.
- Na patelni z pokrywką rozgrzej oliwę, następnie smaż cebulę, chili, czosnek i łodygi kolendry przez 5 minut, aż będą miękkie. Dodaj pomidory i gotuj na wolnym ogniu przez 8-10 minut.
- Tylną częścią dużej łyżki wykonaj 4 zanurzenia w sosie, a następnie wbij do każzgo jajko. Połóż pokrywkę na patelni, następnie smaż na małym ogniu przez 6-8 minut , aż jajka będą gotowe według twoich upodobań.
- Posyp listkami kolendry i podawaj z pieczywem.

20.Jogurt Grecki z Miozm i Orzechami

SKŁADNIKI:
- jogurt grecki
- Miód
- Posiekane migdały
- Orzechy włoskie, posiekane
- Świeże jagody (opcjonalnie)

INSTRUKCJE:
a) Do miski włóż jogurt grecki.
b) Jogurt polej miozm.
c) Na wierzch posypujemy posiekanymi migdałami i orzechami włoskimi.
d) W razie potrzeby dodaj świeże jagody.

21. Hiszpańska miska śniadaniowa

SKŁADNIKI:
- Gotowana komosa ryżowa
- Hummus
- Ogórek, pokrojone w kostkę
- Pomidory wiśniowe, przekrojone na połówki
- Oliwki Kalamata, pokrojone w plasterki

INSTRUKCJE:
a) Ugotowaną quinoę przełóż do miski.
b) Dodaj łyżkę hummusu.
c) Rozłóz pokrojony w kostkę ogórek, przekrojone na połówki pomidorki koktajlowe i pokrojone oliwki Kalamata.
d) Wymieszaj razem przed rozkoszowaniem się.

22. Sałatka hiszpańska z awokado i pomidorami

SKŁADNIKI:
- 2 dojrzałe awokado, pokrojone w kostkę
- 2 pomidory pokrojone w kostkę
- 1/4 szklanki czerwonej cebuli, drobno posiekanej
- 2 łyżki posiekanej świeżej pietruszki
- 1 łyżka oliwy z oliwek
- 1 łyżka soku z cytryny
- Sól i pieprz do smaku

INSTRUKCJE:
a) W misce wymieszaj pokrojone w kostkę awokado, pomidory, czerwoną cebulę i świeżą pietruszkę.
b) W małej misce wymieszaj oliwę z oliwek, sok z cytryny, sól i pieprz.
c) Sosem polej sałatkę i zlikatnie wymieszaj, aby składniki się połączyły.
d) Podawać natychmiast jako orzeźwiający dodatek.

PRZYSTAWKI

23. Chrupiące placuszki z krewetkami

SKŁADNIKI:
- ½ funta małych krewetek, obranych
- 1 ½ szklanki ciecierzycy lub zwykłej mąki
- 1 łyżka posiekanej świeżej natki pietruszki płaskolistnej
- 3 szalotki, biała część i trochę zlikatnych zielonych wierzchołków, drobno posiekane
- ½ łyżeczki słodkiej papryki/pimentonu
- Sól
- Oliwa z oliwek do głębokiego smażenia

INSTRUKCJE:
a) Ugotuj krewetki w rondlu z wystarczającą ilością wody, aby je przykryć, i zagotuj na dużym ogniu.
b) W misce lub robocie kuchennym wymieszaj mąkę, pietruszkę, szalotkę i pimentón, aby wyrobić ciasto. Dodaj ostudzoną wodę z gotowania i szczyptę soli.
c) Mieszaj lub przetwarzaj, aż uzyskasz konsystencję nieco grubszą niż ciasto naleśnikowe. Po przykryciu przechowywać w lodówce przez 1 godzinę.
d) Wyjmij krewetki z lodówki i drobno je posiekaj. Zmielona kawa powinna być wielkości kawałków.
e) Wyjmij ciasto z lodówki i dodaj krewetki.
f) Na ciężką patelnię wlej oliwę z oliwek na głębokość około 1 cala i podgrzej na dużym ogniu, aż zacznie praktycznie dymić.
g) Na każdy placek wlać 1 łyżkę ciasta do oleju i spłaszczyć ciasto grzbietem łyżki, tworząc okrągły placek o średnicy 3 1/2 cala.
h) Smażyć przez około 1 minutę z każzj strony, obracając raz lub do momentu, aż placki będą złociste i chrupiące.
i) Wyjmij placki za pomocą łyżki cedzakowej i ułóż je w naczyniu żaroodpornym.
j) Podawaj od razu.

24. Nadziewane pomidory

SKŁADNIKI:
- 8 małych pomidorów lub 3 duże
- 4 jajka na twardo, ostudzone i obrane
- 6 łyżek Aioli lub majonezu
- Sól i pieprz
- 1 łyżka posiekanej natki pietruszki
- 1 łyżka białej bułki tartej, jeśli używasz dużych pomidorów

INSTRUKCJE:

a) Pomidory zanurzyć w misce z lodowatą lub bardzo zimną wodą, po oskórowaniu ich w garnku z wrzącą wodą przez 10 sekund.

b) Oztnij wierzchołki pomidorów. Za pomocą łyżeczki lub małego, ostrego noża zeskrob nasiona i wnętrze.

c) W misce wymieszaj jajka z Aioli (lub majonezem, jeśli używasz), solą, pieprzem i natką pietruszki.

d) Napełnij pomidory farszem, mocno je dociskając. W przypadku małych pomidorów załóż pokrywki pod wesołym kątem.

e) Napełnij pomidory do góry, mocno dociskając, aż wyrównają się. Przechowywać w lodówce przez 1 godzinę, a następnie pokroić w pierścienie za pomocą ostrego noża.

f) Uzkoruj pietruszką.

25.Placuszki z solonego dorsza z Aioli

SKŁADNIKI:
- 1 funt solonego dorsza , namoczonego
- 3 1/2 uncji suszonej białej bułki tartej
- 1/4 funta mącznych ziemniaków
- Oliwa z oliwek do płytkiego smażenia
- 1/4 szklanki mleka
- Kawałki cytryny i liście sałaty do podania
- 6 cebul dymki drobno posiekanych
- Aioli

INSTRUKCJE:

a) W garnku z lekko osolonym wrzącą wodą gotuj ziemniaki bez skórki przez około 20 minut lub do miękkości. Odpływ.
b) Ziemniaki obierz, gdy tylko będą wystarczająco zimne, aby można było je wziąć, a następnie rozgnieć wizlcem lub tłuczkiem do ziemniaków.
c) W rondlu wymieszaj mleko, połowę dymki i zagotuj. Dodaj namoczonego dorsza i gotuj przez 10-15 minut lub do momentu, aż zacznie się łatwo łuszczyć. Zzjmij dorsza z patelni i rozdrobnij go wizlcem do miski, usuwając kości i skórę.
d) Dodajemy 4 łyżki puree ziemniaczanego z dorszem i mieszamy drewnianą łyżką.
e) Dodaj oliwę z oliwek, a następnie stopniowo dodawaj pozostałe puree ziemniaczane. W misce wymieszaj pozostałe dymki i pietruszkę.
f) Do smaku doprawić sokiem z cytryny i pieprzem.
g) W osobnej misce ubij jedno jajko, aż dobrze się połączy, a następnie ostudź, aż masa będzie sztywna.
h) Z schłodzonej mieszanki rybnej uformuj 12–18 kulek, a następnie zlikatnie spłaszcz je w małe okrągłe placuszki.
i) Każdy z nich należy najpierw posypać mąką, następnie zanurzyć w pozostałym ubitym jajku i wykończyć suchą bułką tartą.
j) Przechowywać w lodówce, aż będzie gotowy do smażenia.
k) Na dużej, ciężkiej patelni rozgrzej około 3/4 cala oleju. Smaż placki przez około 4 minuty na średnim ogniu.
l) Odwróć je i smaż przez kolejne 4 minuty lub do momentu, aż po drugiej stronie będą chrupiące i złociste.
m) Odsączyć na ręcznikach papierowych przed podaniem z Aioli, cząstkami cytryny i liśćmi sałaty.

26. Krokiety z krewetkami

SKŁADNIKI:
- 3 1/2 uncji masła
- 4 uncje zwykłej mąki
- 1 1/4 litra zimnego mleka
- Sól i pieprz
- 14 uncji gotowanych obranych krewetek, pokrojonych w kostkę
- 2 łyżeczki przecieru pomidorowego
- 5 lub 6 łyżek drobnej bułki tartej
- 2 duże jajka, ubite
- Oliwa z oliwek do głębokiego smażenia

INSTRUKCJE:
a) W średnim rondlu rozpuść masło i dodaj mąkę, ciągle mieszając.
b) Powoli wlewaj schłodzone mleko, ciągle mieszając, aż uzyskasz gęsty, gładki sos.
c) Dodać krewetki, obficie doprawić solą i pieprzem, następnie wymieszać z koncentratem pomidorowym. Gotuj przez kolejne 7 do 8 minut.
d) Weź niewielką łyżkę składników i zwiń ją w cylindryczne krokiety o średnicy 1 1/2–2 cali.
e) Obtocz krokiety w bułce tartej, następnie w roztrzepanym jajku i na koniec w bułce tartej.
f) Na dużej patelni o grubym dnie rozgrzej olej do głębokiego smażenia, aż osiągnie temperaturę 350°F, w przeciwnym razie kostka chleba stanie się złotobrązowa w ciągu 20-30 sekund.
g) Smażyć przez około 5 minut w partiach po nie więcej niż 3 lub 4 sztuki, aż uzyskają złoty kolor.
h) Za pomocą łyżki cedzakowej wyjmij kurczaka, odsącz na papierze kuchennym i natychmiast podawaj.

27. Chrupiące, pikantne ziemniaki

SKŁADNIKI:
- 3 łyżki oliwy z oliwek
- 4 Ruz ziemniaki, obrane i pokrojone w kostkę
- 2 łyżki posiekanej cebuli
- 2 ząbki czosnku, posiekane
- Sól i świeżo zmielony czarny pieprz
- 1 1/2 łyżki hiszpańskiej papryki
- 1/4 łyżeczki sosu Tabasco
- 1/4 łyżeczki mielonego tymianku
- 1/2 szklanki ketchupu
- 1/2 szklanki majonezu
- Posiekana natka pietruszki, do zkoracji
- 1 szklanka oliwy z oliwek do smażenia

INSTRUKCJE:
a) W rondlu na średnim ogniu rozgrzej 3 łyżki oliwy z oliwek.
b) Smaż cebulę i czosnek, aż cebula zmięknie.
c) Zzjmij patelnię z ognia i wymieszaj z papryką, sosem Tabasco i tymiankiem.
d) W misce wymieszaj ketchup i majonez.
e) Do smaku doprawić solą i pieprzem. Usuń z równania.

Ziemniaki:

f) Ziemniaki lekko doprawiamy solą i czarnym pieprzem.
g) Smażyć ziemniaki w 1 szklance (8 uncji) oliwy z oliwek na dużej patelni, aż będą złocistobrązowe i ugotowane, od czasu do czasu mieszając.
h) Odcedź ziemniaki na ręcznikach papierowych, spróbuj i dopraw solą, jeśli to konieczne.
i) Aby ziemniaki pozostały chrupiące, należy je wymieszać z sosem tuż przed podaniem.
j) Podawać na ciepło, uzkorowane posiekaną natką pietruszki.

28.Krewetka gambas

SKŁADNIKI:

- 1/2 szklanki oliwy z oliwek
- Sok z 1 cytryny
- 2 łyżeczki soli morskiej
- 24 średnio duże krewetki w skorupach z nienaruszonymi głowami

INSTRUKCJE:

a) W misce wymieszaj oliwę z oliwek, sok z cytryny i sól i wymieszaj, aż składniki się dokładnie połączą. Aby lekko pokryć krewetki, zanurz je w mieszance na kilka sekund.

b) Na suchej patelni rozgrzej olej na dużym ogniu. Pracując partiami, dodawaj krewetki w jednej warstwie, nie zapychając patelni, gdy jest bardzo gorąca. 1 minuta smażenia

c) Zmniejsz ogień do średniego i gotuj przez dodatkową minutę. Zwiększ ogień do wysokiego i smaż krewetki przez kolejne 2 minuty lub do złotego koloru.

d) Trzymaj krewetki w cieple w niskim piekarniku na żaroodpornym talerzu.

e) W ten sam sposób ugotuj pozostałe krewetki.

29. Winegret z małży

SKŁADNIKI:

- 2 1/2 tuzina małży, wyszorowanych i usuniętych z brody. Rozdrobniona sałata
- 2 łyżki posiekanej zielonej cebuli
- 2 łyżki mielonego zielonego pieprzu
- 2 łyżki mielonej czerwonej papryki
- 1 łyżka posiekanej natki pietruszki
- 4 łyżki oliwy z oliwek
- 2 łyżki octu lub soku z cytryny
- Odrobina sosu z czerwonej papryki
- Sól dla smaku

INSTRUKCJE:

a) Otwórz małże na parze.
b) Umieść je w dużym garnku z wodą. Przykryć i dusić na dużym ogniu, od czasu do czasu mieszając na patelni, aż muszle się otworzą. Zzjmij małże z ognia i wyrzuć te, które się nie otworzyły.
c) Małże można również podgrzać w kuchence mikrofalowej, aby je otworzyć. Podgrzewaj je w kuchence mikrofalowej przez jedną minutę przy maksymalnej mocy w naczyniu przeznaczonym do kuchenki mikrofalowej, częściowo przykrytym.
d) Po wymieszaniu wstawić do mikrofalówki na kolejną minutę. Wyjmij wszystkie małże, które się otworzyły i gotuj przez kolejną minutę w kuchence mikrofalowej. Usuń te, które są otwarte jeszcze raz.
e) Usuń i wyrzuć puste muszle, gdy będą wystarczająco zimne, aby można je było znieść.
f) Na tacy tuż przed podaniem połóż małże na posiekanej sałacie.
g) W naczyniu miksującym połącz cebulę, zieloną i czerwoną paprykę, pietruszkę, olej i ocet.
h) Sos solny i paprykowy do smaku. Napełnij muszle małży do połowy powstałą mieszanką.

30. Papryka nadziewana ryżem

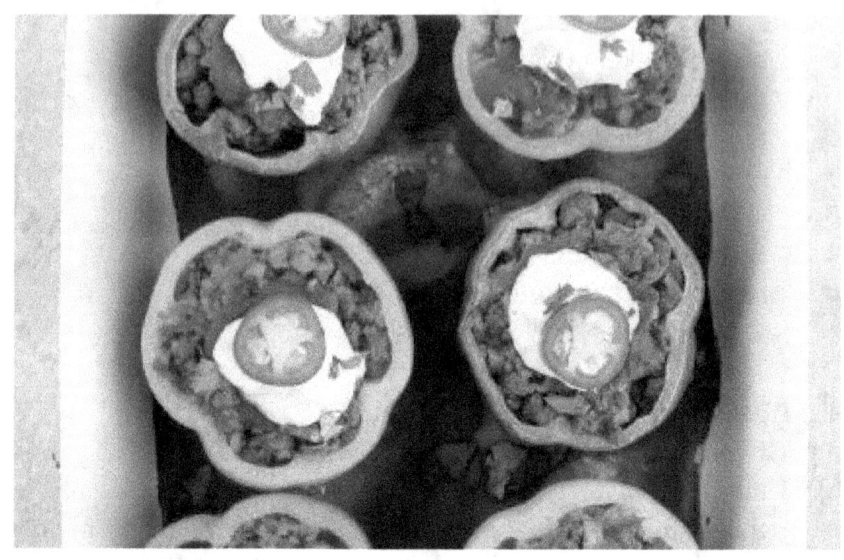

SKŁADNIKI:

- 1 funt i 2 uncje krótkoziarnistego ryżu hiszpańskiego, takiego jak Bomba lub Calasparra
- 2-3 łyżki oliwy z oliwek
- 4 duże czerwone papryki
- 1 mała czerwona papryka, posiekana
- 1/2 cebuli, posiekanej
- 1/2 pomidora, obranego ze skóry i posiekanego
- 5 uncji mielonej/posiekanej wieprzowiny lub 3 uncje solonego dorsza
- Szafran
- Posiekana świeża pietruszka
- Sól

INSTRUKCJE:

a) Łyżeczką wyskrob wewnętrzne błony, po odcięciu końcówek papryk i zachowaj je jako pokrywki do ponownego założenia później.

b) Rozgrzej oliwę i zlikatnie podsmaż czerwoną paprykę, aż będzie miękka.

c) Cebulę podsmażamy do miękkości, następnie dodajemy mięso i lekko podsmażamy, po kilku minutach dodajemy pomidora, następnie dodajemy ugotowaną paprykę, surowy ryż, szafran i natkę pietruszki. Dopraw solą do smaku.

d) Ostrożnie napełnij papryki i ułóż je bokami na naczyniu żaroodpornym, uważając, aby nie rozlać nadzienia.

e) Gotuj naczynie w nagrzanym piekarniku przez około 1 1/2 godziny pod przykryciem.

f) Ryż gotuje się w płynie pomidorowo-paprykowym.

31.Kalmary z rozmarynem i oliwą chili

SKŁADNIKI:

- Oliwa z oliwek z pierwszego tłoczenia
- 1 pęczek świeżego rozmarynu
- 2 całe czerwone papryczki chilli, pozbawione pestek i drobno posiekane 150 ml śmietany
- 3 żółtka
- 2 łyżki startego parmezanu
- 2 łyżki mąki zwykłej
- Sól i świeżo zmielony czarny pieprz
- 1 ząbek czosnku, obrany i rozgnieciony
- 1 łyżeczka suszonego oregano
- Olej roślinny do głębokiego smażenia
- 6 Kalmary oczyścić i pokroić w krążki
- Sól

INSTRUKCJE:

a) Aby przygotować sos, w małym rondlu rozgrzej oliwę z oliwek, dodaj rozmaryn i chili. Usuń z równania.

b) W dużej misce wymieszaj śmietanę, żółtka, parmezan, mąkę, czosnek i oregano. Mieszaj, aż ciasto będzie gładkie. Doprawić czarnym pieprzem, świeżo zmielonym.

c) Rozgrzej olej do 200°C do głębokiego smażenia lub do momentu, aż kostka chleba się zarumieni w ciągu 30 sekund.

d) Zanurzaj krążki kalmarów, pojedynczo, w cieście i ostrożnie umieszczaj je w oleju. Gotuj na złoty kolor, około 2-3 minuty.

e) Odcedź na papierze kuchennym i natychmiast podawaj z dressingiem. W razie potrzeby doprawić solą.

32. Sałatka z makaronem caprese

SKŁADNIKI:

- 2 szklanki ugotowanego makaronu penne
- 1 szklanka pesto
- 2 pokrojone pomidory
- 1 szklanka pokrojonego w kostkę sera mozzarella
- Sól i pieprz do smaku
- 1/8 łyżeczki Oregano
- 2 łyżeczki czerwony ocet winny

INSTRUKCJE:

a) Ugotuj makaron zgodnie z **INSTRUKCJĄ NA OPAKOWANIU:** co powinno zająć około 12 minut. Odpływ.
b) W dużej misce wymieszaj makaron, pesto, pomidory i ser; doprawić solą, pieprzem i oregano.
c) Skropić wierzch czerwonym octem winnym.
d) Odstawić na 1 godzinę do lodówki.

33.Bruschetta balsamiczna

SKŁADNIKI:
- 1 szklanka pozbawionych pestek i pokrojonych w kostkę pomidorów romskich
- ¼ szklanki posiekanej bazylii
- ½ szklanki startego sera pecorino
- 1 zmielony ząbek czosnku
- 1 łyżka octu balsamicznego
- 1 łyżeczka. Oliwa z oliwek
- Sól i pieprz do smaku – ostrożnie, ponieważ ser sam w sobie jest nieco słony.
- 1 kromka bochenka chleba francuskiego
- 3 łyżki Oliwa z oliwek
- ¼ łyżeczki czosnek w proszku
- ¼ łyżeczki bazylia

INSTRUKCJE:
a) W naczyniu miksującym wymieszaj pomidory, bazylię, ser pecorino i czosnek.
b) W małej misce wymieszaj ocet i 1 łyżkę oliwy z oliwek; odłożyć. c) Skrop kromki chleba oliwą z oliwek, sproszkowanym czosnkiem i bazylią.
c) Ułożyć na blaszce do pieczenia i piec przez 5 minut w temperaturze 350 stopni.
d) Wyjmij z piekarnika. Następnie dodaj na wierzch mieszaninę pomidorów i sera.
e) W razie potrzeby doprawić solą i pieprzem.
f) Podawaj od razu.

34. Przekąski z przegrzebków i prosciutto

SKŁADNIKI:

- ½ szklanki pokrojonego w cienkie plasterki prosciutto
- 3 łyżki ser topiony
- 1 funt przegrzebków
- 3 łyżki Oliwa z oliwek
- 3 posiekane ząbki czosnku
- 3 łyżki parmezan
- Sól i pieprz do smaku – uważaj, bo prosciutto będzie słone

INSTRUKCJE:

a) Nałóż niewielką warstwę serka śmietankowego na każdy plasterek prosciutto.
b) Następnie owiń plasterek prosciutto wokół każzj przegrzebki i zabezpiecz wykałaczką.
c) Na patelni rozgrzej oliwę z oliwek.
d) Smaż czosnek przez 2 minuty na patelni.
e) Dodać przegrzebki owinięte w folię i smażyć po 2 minuty z każzj strony.
f) Na wierzchu posmaruj parmezanem.
g) W razie potrzeby dodać sól i pieprz do smaku.
h) Wyciśnij nadmiar płynu papierowym ręcznikiem.

35. Bakłażany z miozm

SKŁADNIKI:

- 3 łyżki Miód
- 3 bakłażany
- 2 szklanki mleka
- 1 łyżka. sól
- 1 łyżka. pieprz
- 100 g mąki
- 4 łyżki Oliwa z oliwek

INSTRUKCJE:

a) Pokrój bakłażana w cienkie plasterki.
b) W naczyniu miksującym wymieszaj bakłażany. Do miski wlej tyle mleka, aby całkowicie zakryło bakłażany. Doprawić szczyptą soli.
c) Pozostawić na co najmniej godzinę do namoczenia.
d) Wyjmij bakłażany z mleka i odłóż je na bok. Używając mąki, obtocz każdy plasterek. Obtaczamy w mieszance soli i pieprzu.
e) Na patelni rozgrzej oliwę z oliwek. Plasterki bakłażana smażymy w głębokim tłuszczu w temperaturze 180 stopni C.
f) Połóż smażone bakłażany na ręcznikach papierowych, aby wchłonęły nadmiar oleju.
g) Skropić bakłażany miozm.
h) Podawać.

36. Kiełbasa gotowana w cydrze

SKŁADNIKI:
- 2 szklanki cydru jabłkowego
- 8 kiełbasek chorizo
- 1 łyżka. Oliwa z oliwek

INSTRUKCJE:
a) Chorizo pokroić w cienkie plasterki.
b) Na patelni rozgrzej olej. Rozgrzej piekarnik do średniego poziomu.
c) Wrzuć chorizo. Smażyć, aż kolor potrawy się zmieni.
d) Wlać cydr. Gotuj przez 10 minut lub do momentu, aż sos nieco zgęstnieje.
e) Do tego dania należy podawać chleb.
f) Cieszyć się!!!

37. Hiszpańskie kebaby wołowe

SKŁADNIKI:
- ½ szklanki Sok pomarańczowy
- ¼ szklanki Sok pomidorowy
- 2 łyżeczki Oliwa z oliwek
- 1 ½ łyżeczki Sok cytrynowy
- 1 łyżeczka Lub e gano, suszone
- ½ łyżeczki Papryka
- ½ łyżeczki Kminek, mielony
- ¼ łyżeczki Sól
- ¼ łyżeczki Pieprz, czerń
- 10 uncji Chuda wołowina bez kości; pokroić w 2-calowe kostki
- 1 średni Czerwona cebula; pokroić na 8 klinów
- 8 każdy pomidory koktajlowe

INSTRUKCJE:

a) Aby przygotować marynatę, połącz sok pomarańczowy i pomidorowy, olej, sok z cytryny, oregano, paprykę, kminek, sól i pieprz w zamykanej plastikowej torbie o pojemności galona.

b) Dodaj kostki mięsa; zamknij torbę, wyciskając powietrze; wirować, aby obtoczyć wołowinę.

c) Przechowywać w lodówce przez co najmniej 2 godziny lub przez noc, od czasu do czasu obracając torebkę. Używając nieprzywierającego sprayu do gotowania, pokryj ruszt grilla.

d) Umieść ruszt grillowy w odległości 5 cali od węgli. Postępuj zgodnie z instrukcjami producenta dotyczącymi grillowania.

e) Odcedź stek i odłóż marynatę.

f) Za pomocą 4 metalowych lub namoczonych patyczków bambusowych nawlecz równe ilości wołowiny, cebuli i pomidorów.

g) Grilluj szaszłyki przez 15-20 minut lub do momentu, aż będą gotowe według własnych upodobań, często obracając i smarując zarezerwowaną marynatą.

38. Manchego Z Konfiturą Pomarańczową

SKŁADNIKI:
- 1 główka czosnku
- 1 1/2 szklanki oliwy z oliwek i więcej do skropienia
- Sól koszerna
- 1 Sewilla lub pomarańcza pępkowa
- 1/4 szklanki cukru
- 1 funt młozgo sera Manchego, pokrojonego na kawałki o wielkości 3/4 cala
- 1 łyżka drobno posiekanego rozmarynu
- 1 łyżka drobno posiekanego tymianku
- Pieczona bagietka

INSTRUKCJE:

a) Rozgrzej piekarnik do 350 stopni Fahrenheita. ćwierć cala „Zzjmij górną część główki czosnku i połóż ją na kawałku folii. Dopraw solą i skrop oliwą.
b) Zawiń szczelnie w folię i piecz przez 35–40 minut lub do momentu, aż skórka będzie złotobrązowa, a goździki miękkie. Pozwól ostygnąć. Wyciśnij goździki do dużej miski do miksowania.
c) W tym samym czasie oztnij 1/4 cala pomarańczy, usuń górę i dół, przekrój wzdłuż na ćwiartki. Z każzj czwartej skórki usuń miąższ w jednym kawałku, pomijając biały rdzeń (zachowaj skórki).
d) Sok wyciśnięty z mięsa odlej do małego ronzlka.
e) Skórkę pokrój na ćwierćcalowe kawałki i włóż do małego rondla z taką ilością zimnej wody, aby przykryła jezn cal. Doprowadzić do wrzenia, następnie odcedzić; zrób to jeszcze dwa razy, aby pozbyć się goryczy.
f) W rondlu wymieszaj skórki pomarańczy, cukier, sok pomarańczowy i 1/2 szklanki wody.
g) Doprowadzić do wrzenia; zmniejsz ogień do małego i gotuj na wolnym ogniu, regularnie mieszając, przez 20–30 minut lub do momentu, aż skórki będą miękkie, a płyn stanie się syropowy. Pozwól konfiturom pomarańczowym ostygnąć.
h) Wymieszaj w misce konfiturę pomarańczową, manchego, rozmaryn, tymianek i pozostałe 1 1/2 szklanki oleju z czosnkiem. Po przykryciu przechowywać w lodówce przez co najmniej 12 godzin.
i) Przed podaniem z tostami doprowadzić marynowane Manchego do temperatury pokojowej.

39.Kurczak Pintxo

SKŁADNIKI:

- 1,8 funta uzk z kurczaka bez skóry i kości, pokrojonych na 1-calowe kawałki
- 1 łyżka hiszpańskiej wędzonej papryki
- 1 łyżeczka suszonego oregano
- 2 łyżeczki mielonego kminku
- 3/4 łyżeczki soli morskiej
- 3 ząbki czosnku posiekane
- 3 łyżki posiekanej natki pietruszki
- 1/4 szklanki oliwy z oliwek z pierwszego tłoczenia
- Czerwony Sos Chimichurri

INSTRUKCJE:

a) W dużej misce wymieszaj wszystkie składniki i dokładnie wymieszaj, aby pokryć kawałki kurczaka. Pozostawić do marynowania na noc w lodówce.

b) Bambusowe szaszłyki namocz w wodzie na 30 minut. Za pomocą szaszłyków nabij kawałki kurczaka.

c) Grilluj przez 8-10 minut lub do całkowitego ugotowania.

40. Churros w pięciu smakach

SKŁADNIKI:
- Olej roślinny (do głębokiego smażenia)
- ½ szklanki + 2 łyżki cukru
- ¾ łyżeczki mielonego cynamonu
- ¾ łyżeczki proszku pięciu smaków
- 1 kostka (8 łyżek stołowych) niesolonego masła (pokrojonego na kawałki)
- ¼ łyżeczki soli
- 1 Mąkę o wszechstronnym przeznaczeniu
- 3 duże jajka

INSTRUKCJE:
a) Napełnij duży, ciężki garnek 2-calowym olejem roślinnym i podgrzej go do temperatury 350 stopni F za pomocą termometru do głębokiego smażenia. Przygotuj rękaw cukierniczy z dużą końcówką w kształcie gwiazdki i umieść obok niego talerz wyłożony papierowymi ręcznikami.
b) Na dużym talerzu wymieszaj ½ szklanki cukru, mielony cynamon i proszek pięciu przypraw.
c) W średnim rondlu wymieszaj masło, sól, pozostałe 2 łyżki cukru i 1 szklankę wody. Doprowadzić tę mieszaninę do wrzenia na średnim ogniu. Gdy się zagotuje, dodaj mąkę i energicznie mieszaj drewnianą łyżką, aż mieszanina utworzy kulę. Zdjąć z ognia i dodawać po jednym jajku, energicznie mieszając po każdym dodaniu. Powstałe ciasto włóż do przygotowanego rękawa cukierniczego.
d) Pracując partiami, wyciskaj ciasto o długości około 5 cali do gorącego oleju, odcinając końcówki od rękawa cukierniczego za pomocą noża do obierania. Pamiętaj, aby nie przepełnić garnka. Smażyć, aż churros nabiorą głębokiego złocistego koloru, co powinno zająć około 6 minut.
e) Przenieś je na wyłożony papierem talerz, aby krótko odciekły, a następnie przenieś je na talerz z mieszanką cukru pięciu przypraw i równomiernie je posmaruj.
f) Natychmiast podawaj churros w pięciu smakach. Cieszyć się!

41. Pikantne churros kukurydziane

SKŁADNIKI:
DO SALSY I QUESO:
- 6 suszonych chili cacabel, pozbawionych łodyg i nasion
- 4 duże pomidory, wydrążone
- 2 chilli Fresno, łodygowe
- ¾ białej cebuli, obranej, pokrojonej w krążki
- 2 ząbki czosnku, obrane
- 2 łyżki świeżego soku z limonki
- Sól koszerna
- 3 łyżki niesolonego masła
- 2 łyżki mąki uniwersalnej
- 1 ½ szklanki mleka (lub więcej)
- ½ funta sera Monterey Jack, startego
- ½ funta sera cheddar, startego (młody, średni lub ostry)

DLA CHURROS:
- 1 łyżka chili w proszku
- 2/3 szklanki mleka
- 6 łyżek niesolonego masła
- ½ łyżeczki mielonego kminku
- ½ szklanki mąki uniwersalnej
- ½ szklanki mąki kukurydzianej
- 3 duże jajka
- Olej roślinny (do smażenia, około 12 szklanek)

INSTRUKCJE:

a) Rozgrzej piekarnik do 350°F. Opiekaj chili cacabel, aż zaczną wydzielać zapach i lekko się zarumienią, przez około 5 minut. Wyjmij chili z blachy do pieczenia i poczekaj, aż ostygną.

b) Zwiększ temperaturę piekarnika do 450°F. Piecz pomidory, chilli Fresno i cebulę na obrzeżonej blasze do pieczenia, aż skórka się zarumieni i zacznie oddzielać się od miąższu, 30–35 minut. Przełóż je do blenzra, dodaj czosnek, sok z limonki i 2 łyżeczki soli; mieszaj, aż będzie gładka. Dodaj prażone chilli cacabel i mieszaj, aż zostaną grubo posiekane. Pozostawić w temperaturze pokojowej, aż będzie gotowe do podania.

c) W średnim rondlu rozpuść masło na średnim ogniu. Dodaj mąkę i gotuj, aż składniki się połączą, około 1 minuty. Wlać mleko i dalej gotować, aż mieszanina zagotuje się i zgęstnieje, przez około 4 minuty. Zmniejsz ogień do małego, stopniowo dodawaj oba sery i gotuj, ciągle mieszając, aż ser się całkowicie roztopi, a queso będzie gładkie. Jeśli wydaje się zbyt gęste, dodaj trochę więcej mleka. Utrzymuj queso w cieple, aż będzie gotowe do podania.

d) Załóż rękaw cukierniczy z końcówką w kształcie gwiazdki. W małej misce wymieszaj proszek chili i 1 łyżkę soli; Odłóż ją na bok.

e) W średnim rondlu, na średnim ogniu, zagotuj mleko, masło, kminek, 1¼ łyżeczki soli i ½ szklanki wody.

f) Używając drewnianej łyżki, dodaj na raz mąkę i mąkę kukurydzianą i energicznie mieszaj, aż ciasto się połączy, około 30 sekund.

g) Pozostaw na patelni na 10 minut, aby nawodnić mąkę kukurydzianą. Przenieś mieszaninę do miski miksera stacjonarnego lub dużej miski.

h) Używając miksera wyposażonego w przystawkę do łopatek ustawionego na średnio-niską prędkość, dodawaj jajka do ciasta, jedno po drugim, upewniając się, że każż jajko zostało włączone przed dodaniem kolejnego (alternatywnie energicznie mieszaj drewnianą łyżką). Ciasto będzie początkowo wyglądać na połamane; Kontynuuj ubijanie, od czasu do czasu skrobiąc miską, aż ciasto będzie gładkie, błyszczące i nieco rozciągliwe (odrywaj mały kawałek ciasta i rozciągaj je – nie powinno się łamać). Łyżką włóż ciasto do przygotowanego rękawa cukierniczego.

i) Do dużego garnka wlać olej tak, aby sięgał do połowy wysokości boków. Załóż garnek z termometrem i podgrzej go na średnim ogniu, aż termometr wskaże 350°F. Trzymaj torebkę pod kątem tak, aby jej końcówka znajdowała się kilka cali nad powierzchnią oleju, wyciśnij ciasto, przesuwając torebkę podczas ściskania, tak aby ciasto zostało wciśnięte rurką o długości 6 cali do oleju. Używając noża do obierania, Oztnij końcówkę ciasta, aby rozpuściło się w oleju. Powtórz tę czynność, aby uformować jeszcze 4 części ciasta.

j) Smażyć churros, obracając raz i regulując ogień w miarę potrzeby, aby utrzymać temperaturę oleju, aż staną się złotobrązowe ze wszystkich stron, po 2–3 minuty z każzj strony. Przełożyć je na blachę wyłożoną ręcznikiem papierowym. Powtórzyć z pozostałym ciastem.

k) Posyp ciepłe churros zarezerwowaną mieszanką chili i soli. Połóż salsę na ciepłym queso i wymieszaj, aby połączyć; podawać z ciepłymi churros. Cieszyć się!

DANIE GŁÓWNE

42.Paella Valenciana

SKŁADNIKI:
- 2 szklanki ryżu do paelli (takiego jak Bomba lub Calasparra)
- 4 szklanki bulionu z kurczaka lub warzyw
- 450 g uzk z kurczaka, pokrojonych na kawałki
- 1/2 funta (225 g) zielonej fasolki, przyciętej
- 1 pomidor, drobno starty
- 1 duża cebula, drobno posiekana
- 2 ząbki czosnku, posiekane
- 1/2 szklanki serc karczochów w puszkach, pokrojonych w ćwiartki (opcjonalnie)
- 1 łyżeczka nitek szafranu
- 1 łyżeczka wędzonej papryki
- Oliwa z oliwek
- Sól i pieprz do smaku
- Kawałki cytryny do podania

INSTRUKCJE:
a) Rozgrzej dużą kroplę oliwy z oliwek na patelni do paelli lub dużej patelni na średnim ogniu. Kawałki kurczaka doprawiamy solą i pieprzem, obsmażamy ze wszystkich stron. Usuń i odłóż na bok.
b) Na tej samej patelni dodaj cebulę, fasolkę szparagową i czosnek. Gotuj, aż warzywa zmiękną. Dodaj startego pomidora i smaż przez kolejne 2 minuty.
c) Dodaj ryż, szafran i wędzoną paprykę, mieszając, aby ryż pokrył się olejem i wymieszaj z warzywami. Gotuj przez 2 minuty.
d) Włóż kurczaka z powrotem na patelnię i dodaj bulion. Doprawić solą i pieprzem. Doprowadzić do wrzenia, następnie zmniejszyć ogień do małego i gotować na wolnym ogniu przez około 20 minut lub do momentu, aż ryż się ugotuje i wchłonie płyn. Na ostatnie 5 minut gotowania dodaj serca karczochów.
e) Zzjmij z ognia i odstaw pod przykryciem na 10 minut przed podaniem. Podawać z cząstkami cytryny na boku.

43. Gazpacho Andaluz (zimna zupa pomidorowa)

SKŁADNIKI:
- 900 g) dojrzałych pomidorów, grubo posiekanych
- 1 ogórek, obrany i posiekany
- 1 zielona papryka, posiekana
- 1 cebula, posiekana
- 2 ząbki czosnku
- 3 łyżki octu sherry
- 1/2 szklanki oliwy z oliwek
- Sól i pieprz do smaku
- Grzanki i posiekane jajka na twardo do zkoracji

INSTRUKCJE:
a) Połącz pomidory, ogórek, paprykę, cebulę i czosnek w blenzrze lub robocie kuchennym. Mieszaj, aż będzie gładka.
b) Przez sitko przelej mieszankę warzywną, aby usunąć skórki i nasiona, a w razie potrzeby uzyskać gładszą konsystencję.
c) Dodaj ocet sherry i powoli dodawaj oliwę z oliwek, ciągle mieszając. Doprawić solą i pieprzem.
d) Schładzamy w lodówce co najmniej 2 godziny, a najlepiej całą noc.
e) Podawać na zimno, uzkorowane grzankami i posiekanymi jajkami na twardo.

44. Hiszpański ryż

SKŁADNIKI:

- Puszka 1-28 uncji pokrojonych w kostkę lub zmiażdżonych pomidorów
- 3 szklanki dowolnego rodzaju gotowanego na parze białego ryżu długoziarnistego, ugotowanego na opakowanie
- 3 łyżki oleju rzepakowego lub roślinnego
- 1 pokrojona i oczyszczona papryka
- 2 ząbki świeżego czosnku posiekane
- 1/2 szklanki czerwonego wina, bulionu warzywnego lub bulionu
- 2 łyżki posiekanej świeżej natki pietruszki
- 1/2 łyżeczki suszonego oregano i suszonej bazylii
- sól, pieprz, cayenne do smaku
- Zkoracja: tarty parmezan i mieszanka sera Romano
- Możesz także dodać dowolne resztki: pokrojony w kostkę stek, pokrojony w kostkę kotlet schabowy, pokrojony w kostkę kurczak lub spróbuj użyć pokruszonych klopsików
- Opcjonalnie warzywa: pokrojona w kostkę cukinia, pokrojone w plasterki pieczarki, starta marchewka, groszek lub inne warzywa według upodobań.

INSTRUKCJE:

a) Na dużą patelnię wlej oliwę, paprykę i czosnek i smaż przez 1 minutę.
b) Na patelnię dodaj pokrojone w kostkę lub rozgniecione pomidory, wino i pozostałe składniki .
c) Gotuj na wolnym ogniu przez 35 minut lub dłużej, jeśli dodasz więcej warzyw.
d) Jeśli używasz, dodaj przygotowane mięso i podgrzewaj je w sosie przez około 5 minut, a następnie dodaj ugotowany biały ryż.
e) Ponadto, jeśli używasz, mięso jest już ugotowane i wystarczy je tylko podgrzać w sosie.
f) Przed podaniem nałóż sos na talerz z mieszanym ryżem i posyp tartym serem i świeżą natką pietruszki.

45. Hiszpańska sałatka ziemniaczana

SKŁADNIKI:
- 3 średnie (16 uncji) ziemniaki
- 1 duża (3 uncje) marchewka, pokrojona w kostkę
- 5 łyżek łuskanego zielonego groszku
- 2/3 szklanki (4 uncje) zielonej fasoli
- 1/2 średniej cebuli, posiekanej
- 1 mała czerwona papryka, posiekana
- 4 ogórki koktajlowe, pokrojone w plasterki
- 2 łyżki młodych kaparów
- 12 oliwek nadziewanych anchois
- 1 jajko ugotowane na twardo, pokrojone w cienkie plasterki 2/3 szklanki (5 uncji) majonezu
- 1 łyżka soku z cytryny
- 1 łyżeczka musztardy Dijon
- Świeżo zmielony czarny pieprz do smaku. Posiekana świeża pietruszka do zkoracji

INSTRUKCJE:
a) Ziemniaki i marchewkę ugotuj w rondlu w lekko osolonej wodzie. Doprowadzić do wrzenia, następnie zmniejszyć ogień i gotować, aż będzie prawie miękki.
b) Dodaj groszek i fasolę i gotuj na wolnym ogniu, mieszając od czasu do czasu, aż wszystkie warzywa będą miękkie. Odcedź warzywa i połóż je na talerzu do podania.
c) W dużej misce wymieszaj cebulę, paprykę, korniszony, młoz kapary, oliwki nadziewane anchois i kawałki jajka.
d) Połącz całkowicie majonez, sok z cytryny i musztardę w osobnej misce. Wlać tę mieszaninę na talerz do serwowania i dobrze wymieszać, aby pokryć wszystkie składniki. Wymieszaj ze szczyptą soli i pieprzu.
e) Po uzkorowaniu posiekaną natką pietruszki przechowywać w lodówce.
f) Aby poprawić smak sałatki, przed podaniem pozostaw ją w temperaturze pokojowej na około 1 godzinę.

46. Hiszpańska carbonara

SKŁADNIKI:
- 1 mała chorizo pokrojona w kostkę
- 1 ząbek czosnku drobno posiekany
- 1 mały pomidor pokrojony w kostkę
- 1 puszka garbanzo
- przyprawy suszone: sól, płatki chili, oregano, nasiona kopru włoskiego, anyż gwiazdkowaty
- pimenton (papryka) do jajek
- Oliwa z oliwek z pierwszego tłoczenia
- 2 jajka
- 4-6 uncji makaron
- dobrej jakości ser

INSTRUKCJE:

a) Na niewielkiej ilości oliwy podsmaż przez kilka minut czosnek, pomidor i chorizo, następnie dodaj fasolę oraz przyprawy płynne i suche. Doprowadzić do wrzenia, następnie zmniejszyć ogień do małego, aż płyn zredukuje się o połowę.

b) W międzyczasie zagotuj wodę na makaron i przygotuj jajka, które możesz włożyć na patelnię z garbanzo i wstawić do nagrzanego piekarnika. Dla dodania hiszpańskiego smaku posypuję je przygotowaną mieszanką przypraw i pimentonem.

c) To izalny moment na dodanie makaronu do garnka, gdy patelnia jest w piekarniku, a woda się gotuje. Oba powinny być gotowe w tym samym momencie.

47. Pulpety w sosie pomidorowym

SKŁADNIKI:
- 2 łyżki oliwy z oliwek
- 8 uncji mielonej wołowiny
- 1 szklanka (2 uncje) świeżej białej bułki tartej
- 2 łyżki startego sera Manchego lub parmezanu
- 1 łyżka koncentratu pomidorowego
- 3 ząbki czosnku, drobno posiekane
- 2 szalotki, drobno posiekane
- 2 łyżeczki posiekanego świeżego tymianku
- 1/2 łyżcczki kurkumy
- Sól i pieprz do smaku
- 2 szklanki (16 uncji) posiekanych pomidorów śliwkowych z puszki
- 2 łyżki czerwonego wina
- 2 łyżeczki posiekanych świeżych liści bazylii
- 2 łyżeczki posiekanego świeżego rozmarynu

INSTRUKCJE:
a) W misce wymieszaj wołowinę, bułkę tartą, ser, koncentrat pomidorowy, czosnek, szalotkę, jajko, tymianek, kurkumę, sól i pieprz.
b) Z powstałej mieszanki uformuj rękoma 12–15 twardych kulek.
c) Na patelni rozgrzej oliwę z oliwek na średnim ogniu. Smaż przez kilka minut lub do momentu, aż klopsiki zarumienią się ze wszystkich stron.
d) W dużej misce wymieszaj pomidory, wino, bazylię i rozmaryn. Gotuj, mieszając od czasu do czasu, przez około 20 minut lub do momentu, aż klopsiki będą gotowe.
e) Obficie posolić i pieprzyć, następnie podawać z blanszowanymi rapini, spaghetti lub pieczywem.

48. zupa z białej fasoli

SKŁADNIKI:
- 1 posiekana cebula
- 2 łyżki stołowe. Oliwa z oliwek
- 2 posiekane łodygi selera
- 3 posiekane ząbki czosnku
- 4 szklanki fasoli cannellini z puszki
- 4 szklanki bulionu z kurczaka
- Sól i pieprz do smaku
- 1 łyżeczka świeżego rozmarynu
- 1 szklanka różyczek brokułów
- 1 łyżka. olej truflowy
- 3 łyżki tarty parmezan

INSTRUKCJE:
a) Na dużej patelni rozgrzej olej.
b) Na patelni smaż seler i cebulę przez około 5 minut.
c) Dodać czosnek i wymieszać do połączenia. Gotuj przez kolejne 30 sekund.
d) Dodać fasolę, 2 szklanki bulionu z kurczaka, rozmaryn, sól i pieprz, a także brokuły.
e) Doprowadzić płyn do wrzenia, a następnie zmniejszyć ogień na mały ogień na 20 minut.
f) Zmiksuj zupę blenzrem ręcznym, aż uzyska pożądaną gładkość.
g) Zmniejsz ogień do małego i posyp oliwą truflową.
h) Zupę nalewamy do naczyń i przed podaniem posypujemy parmezanem.

49. Fabada Asturiana (asturyjski gulasz z fasoli)

SKŁADNIKI:

- 450 g suszonej fasoli (fasola asturyjska) lub dużej białej fasoli, namoczonej przez noc
- 1/2 funta (225 g) kiełbasy chorizo, pokrojonej w plasterki
- 1/2 funta (225 g) morcilla (kaszanka), pokrojona w plasterki
- 1/4 funta (115 g) solonej wieprzowiny lub boczku, pokrojonego w kostkę
- 1 cebula, posiekana
- 2 ząbki czosnku, posiekane
- 1 łyżeczka wędzonej papryki
- 2 liście laurowe
- Oliwa z oliwek
- Sól dla smaku

INSTRUKCJE:

a) Odcedź namoczoną fasolę i włóż ją do dużego garnka. Zalać świeżą wodą, około 2 cm nad fasolą.
b) Do garnka dodać chorizo, morcillę, soloną wieprzowinę, cebulę, czosnek, wędzoną paprykę i liście laurowe.
c) Doprowadzić do wrzenia, następnie zmniejszyć ogień do małego. Gotuj na wolnym ogniu przez 2-3 godziny lub do momentu, aż fasola będzie miękka, a gulasz zgęstnieje. Jeśli to konieczne, podczas gotowania dodaj więcej wody, aby fasola była przykryta.
d) Dopraw solą do smaku. Przed podaniem usuń liście laurowe.
e) Podawać na gorąco z chrupiącym pieczywem i stanowić obfity posiłek.

50.Kurczak Marsala

SKŁADNIKI:
- ¼ szklanki mąki
- Sól i pieprz do smaku
- ½ łyżeczki tymianek
- ubite piersi z kurczaka bez kości
- ¼ szklanki masła
- ¼ szklanki oliwy z oliwek
- 2 posiekane ząbki czosnku
- 1 ½ szklanki pokrojonych w plasterki grzybów
- 1 pokrojona w małą kostkę cebula
- 1 szklanka marsali
- ¼ szklanki pół na pół lub gęstej śmietany

INSTRUKCJE:
a) W misce wymieszaj mąkę, sól, pieprz i tymianek.
b) W osobnej misce zanurzamy w powstałej mieszance piersi z kurczaka.
c) Na dużej patelni rozpuść masło i olej.
d) Smaż czosnek przez 3 minuty na patelni.
e) Wrzucić kurczaka i smażyć po 4 minuty z każzj strony.
f) Na patelni połącz grzyby, cebulę i marsalę.
g) Gotuj kurczaka przez 10 minut na małym ogniu.
h) Przenieś kurczaka na talerz do serwowania.
i) Wymieszaj pół na pół lub ciężką śmietanę. Następnie, gotując na wysokim poziomie przez 3 minuty, ciągle mieszaj.
j) Polej kurczaka sosem.

51.Kurczak Fettuccini Alfredo

SKŁADNIKI:

- 1 funt makaronu fettuccine
- 6 piersi z kurczaka bez kości i skóry, ładnie pokrojonych w kostkę
- ¾ szklanki masła, podzielone
- 5 posiekanych ząbków czosnku
- 1 łyżeczka. tymianek
- 1 łyżeczka. Oregano
- 1 pokrojona w kostkę cebula
- 1 szklanka pokrojonych w plasterki grzybów
- ½ szklanki mąki
- Sól i pieprz do smaku
- 3 szklanki pełnego mleka
- 1 szklanka gęstej śmietanki
- ¼ szklanki startego sera Gruyere
- ¾ szklanki startego parmezanu

INSTRUKCJE:

a) Rozgrzej piekarnik do 150°F i ugotuj makaron zgodnie z **INSTRUKCJĄ NA OPAKOWANIU:** około 10 minut.
b) Na patelni rozpuść 2 łyżki masła i dodaj kostki kurczaka, czosnek, tymianek i oregano, smaż na małym ogniu przez 5 minut lub do czasu, aż kurczak przestanie być różowy. Usunąć .
c) Na tej samej patelni rozpuść pozostałe 4 łyżki masła i podsmaż cebulę i grzyby.
d) Mieszaj mąkę, sól i pieprz przez 3 minuty.
e) Dodaj gęstą śmietanę i mleko. Mieszaj przez kolejne 2 minuty.
f) Mieszaj ser przez 3 minuty na małym ogniu.
g) Włóż kurczaka z powrotem na patelnię i dopraw do smaku.
h) Gotuj przez 3 minuty na małym ogniu.
i) Sosem polej makaron.

52. Kolacja z owocami morza Diavolo

SKŁADNIKI:
- 1 lb. duże obrane i oczyszczone krewetki
- ½ funta smażonych przegrzebków
- 3 łyżki Oliwa z oliwek
- ½ łyżeczki płatki czerwonej papryki
- Sól dla smaku
- 1 pokrojona mała cebula
- ½ łyżeczki tymianek
- ½ łyżeczki Oregano
- 2 rozgniecione filety z sarzli
- 2 łyżki stołowe. koncentrat pomidorowy
- 4 posiekane ząbki czosnku
- 1 szklanka białego wina
- 1 łyżeczka. sok cytrynowy
- 2 ½ szklanki pokrojonych w kostkę pomidorów
- 5 łyżek pietruszka

INSTRUKCJE:
a) W naczyniu miksującym wymieszaj krewetki, przegrzebki, oliwę z oliwek, płatki czerwonej papryki i sól.
b) Rozgrzej patelnię do 350 ° F. Przez 3 minuty smaż owoce morza w pojedynczych warstwach. To jest coś, co można zrobić w pęczkach.
c) Połóż krewetki i przegrzebki na talerzu.
d) Ponownie podgrzej patelnię.
e) Przez 2 minuty podsmaż cebulę, zioła, filety anchois i koncentrat pomidorowy.
f) W misce wymieszaj wino, sok z cytryny i pokrojone w kostkę pomidory.
g) Doprowadzić płyn do wrzenia.
h) Ustaw temperaturę na niski poziom. Następnie gotuj przez 15 minut.
i) Włóż z powrotem owoce morza na patelnię razem z natką pietruszki.
j) Gotuj przez 5 minut na małym ogniu.

53. Linguine i krewetki Scampi

SKŁADNIKI:
- 1 opakowanie makaronu linguine
- ¼ szklanki masła
- 1 posiekana czerwona papryka
- 5 posiekanych ząbków czosnku
- 45 surowych, dużych krewetek obranych i oczyszczonych ½ szklanki wytrawnego białego wina ¼ szklanki bulionu z kurczaka
- 2 łyżki stołowe. sok cytrynowy
- ¼ szklanki masła
- 1 łyżeczka. zmielone płatki czerwonej papryki
- ½ łyżeczki Szafran
- ¼ szklanki posiekanej natki pietruszki
- Sól dla smaku

INSTRUKCJE:
a) Ugotuj makaron zgodnie z **INSTRUKCJĄ NA OPAKOWANIU:** co powinno zająć około 10 minut.
b) Odcedź wodę i odłóż ją na bok.
c) Na dużej patelni rozpuść masło.
d) Smaż paprykę i czosnek na patelni przez 5 minut.
e) Dodaj krewetki i kontynuuj smażenie przez kolejne 5 minut.
f) Wyjmij krewetki na talerz, ale zostaw czosnek i pieprz na patelni.
g) Zagotuj białe wino, bulion i sok z cytryny.
h) Umieść krewetki z powrotem na patelni z kolejnymi 14 szklankami lepszego.
i) Dodać płatki czerwonej papryki, szafran i pietruszkę, doprawić do smaku solą.
j) Po wymieszaniu z makaronem dusić przez 5 minut.

54. Krewetki Z Sosem Kremowym Pesto

SKŁADNIKI:

- 1 opakowanie makaronu linguine
- 1 łyżka. Oliwa z oliwek
- 1 posiekana cebula
- 1 szklanka pokrojonych w plasterki grzybów
- 6 posiekanych ząbków czosnku
- ½ szklanki masła
- Sól i pieprz do smaku
- ½ łyżeczki pieprz cayenne
- 1 3/4 szklanki startego Pecorino Romano
- 3 łyżki mąka
- ½ szklanki gęstej śmietanki
- 1 szklanka pesto
- 1 funt gotowanych krewetek, obranych i oczyszczonych

INSTRUKCJE:

a) Ugotuj makaron zgodnie z **INSTRUKCJĄ NA OPAKOWANIU:** co powinno zająć około 10 minut. Odpływ.
b) Na patelni rozgrzej olej i smaż cebulę i grzyby przez 5 minut.
c) Gotuj przez 1 minutę po wymieszaniu czosnku i masła.
d) Na patelnię wlać gęstą śmietanę i doprawić solą, pieprzem i pieprzem cayenne.
e) Gotuj przez kolejne 5 minut.
f) Dodać ser i wymieszać do połączenia. Kontynuuj ubijanie, aż ser się roztopi.
g) Następnie, aby zagęścić sos, dodajemy mąkę.
h) Gotuj przez 5 minut z pesto i krewetkami.
i) Polej makaron sosem.

55. Zupa rybna i chorizo

SKŁADNIKI:
- 2 główki ryby (używane do gotowania wywaru rybnego)
- 500 g filetów rybnych, pokrojonych na kawałki
- 1 cebula
- 1 ząbek czosnku
- 1 szklanka białego wina
- 2 łyżki stołowe. Oliwa z oliwek
- 1 garść natki pietruszki (posiekanej)
- 2 szklanki bulionu rybnego
- 1 garść oregano (posiekanego)
- 1 łyżka. sól
- 1 łyżka. pieprz
- 1 seler
- 2 puszki pomidorów (pomidory)
- 2 czerwone chilli
- 2 kiełbaski chorizo
- 1 łyżka. papryka
- 2 liście laurowe

INSTRUKCJE:

a) Oczyść głowę ryby. Należy usunąć skrzela. Sezon z solą. Gotuj przez 20 minut w niskiej temperaturze. Usuń z równania.
b) Na patelnię wlać oliwę. W dużej misce wymieszaj cebulę, liście laurowe, czosnek, chorizo i paprykę. 7 minut w piekarniku
c) W dużej misce wymieszaj czerwone chilli, pomidory, seler, pieprz, sól, oregano, bulion rybny i białe wino.
d) Gotuj w sumie 10 minut.
e) Wrzuć rybę. 4 minuty w piekarniku
f) Użyj ryżu jako przystawki.
g) Dodaj natkę pietruszki jako zkorację.
h) Rozczarowujący!!!

56.Hiszpański ratatuj

SKŁADNIKI:
- 1 czerwona papryka (pokrojona w kostkę)
- 1 średniej wielkości cebula (pokrojona w plasterki lub posiekana)
- 1 ząbek czosnku
- 1 cukinia (posiekana)
- 1 zielona papryka (pokrojona w kostkę)
- 1 łyżka. sól
- 1 łyżka. pieprz
- 1 puszka pomidorów (posiekanych)
- 3 łyżki Oliwa z oliwek
- 1 kropla białego wina
- 1 garść świeżej pietruszki

INSTRUKCJE:
a) Na patelnię wlać oliwę.
b) Wrzucić cebulę. Pozostaw na 4 minuty do smażenia na średnim ogniu.
c) Wrzucić czosnek i paprykę. Pozostaw na kolejne 2 minuty smażenia.
d) Dodać cukinię, pomidory, białe wino i doprawić do smaku solą i pieprzem.
e) Gotuj przez 30 minut lub do momentu, aż będzie gotowe.
f) W razie potrzeby uzkoruj natką pietruszki.
g) Podawać z ryżem lub tostami jako dodatek do dania głównego.
h) Cieszyć się!!!

57. Gulasz z fasoli i chorizo

SKŁADNIKI:
- 1 marchewka (pokrojona w kostkę)
- 3 łyżki Oliwa z oliwek
- 1 średnia cebula
- 1 czerwona papryka
- 400 g suszonej fasoli fabes
- 300 gramów kiełbasy chorizo
- 1 zielona papryka
- 1 szklanka natki pietruszki (posiekanej)
- 300 g pomidorów (pokrojonych w kostkę)
- 2 szklanki bulionu z kurczaka
- 300 gramów uzk z kurczaka (filety)
- 6 ząbków czosnku
- 1 średniej wielkości ziemniak (pokrojony w kostkę)
- 2 łyżki stołowe. tymianek
- 2 łyżki stołowe. sól dla smaku
- 1 łyżka. pieprz

INSTRUKCJE:

a) Na patelni wlać olej roślinny. Wrzucić cebulę. Pozostaw na 2 minuty do smażenia na średnim ogniu.

b) W dużej misce wymieszaj czosnek, marchewkę, paprykę, chorizo i udka z kurczaka. Pozostaw na 10 minut na gotowanie.

c) Dodać tymianek, bulion drobiowy, fasolę, ziemniaki, pomidory, natkę pietruszki i doprawić do smaku solą i pieprzem.

d) Gotuj przez 30 minut lub do momentu, aż fasola będzie miękka, a gulasz zgęstnieje.

58. Gazpacho

SKŁADNIKI:
- 2 funty dojrzałych pomidorów, posiekanych
- 1 czerwona papryka (pokrojona w kostkę)
- 2 ząbki czosnku (mielone)
- 1 łyżka. sól
- 1 łyżka. pieprz
- 1 łyżka. kminek (mielony)
- 1 szklanka czerwonej cebuli (posiekanej)
- 1 duża papryczka Jalapeno
- 1 szklanka oliwy z oliwek
- 1 limonka 1 średniej wielkości ogórek
- 2 łyżki stołowe. ocet
- 1 szklanka pomidora (sok)
- 1 łyżka. sos Worcestershire
- 2 łyżki stołowe. świeża bazylia (w plasterkach)
- 2 kromki chleba

INSTRUKCJE:
a) W misce wymieszaj ogórek, pomidory, paprykę, cebulę, czosnek, jalapeño, sól i kminek. Całość dokładnie wymieszaj.
b) W blenrzre połącz oliwę z oliwek, ocet, sos Worcestershire, sok z limonki, sok pomidorowy i chleb. Mieszaj, aż mieszanina będzie całkowicie gładka.
c) Połącz wymieszaną mieszaninę z pierwotną mieszaniną za pomocą sita.
d) Pamiętaj, aby wszystko całkowicie połączyć.
e) Połowę mieszanki włóż do blenzra i zmiksuj. Mieszaj, aż mieszanina będzie całkowicie gładka.
f) Zwróć wymieszaną mieszaninę do reszty mieszaniny. Całość dokładnie wymieszaj.
g) Po przykryciu miskę należy przechowywać w lodówce przez 2 godziny.
h) Po 2 godzinach wyjmij miskę. Doprawić mieszaninę solą i pieprzem. Wierzch naczynia posypać bazylią.
i) Podawać.
j) Rozczarowujący!!!

59. Kalmary i Ryż

SKŁADNIKI:
- 6 oz. owoce morza (dowolne do wyboru)
- 3 ząbki czosnku
- 1 średniej wielkości cebula (pokrojona w plasterki)
- 3 łyżki Oliwa z oliwek
- 1 zielona papryka (w plasterkach)
- 1 łyżka. atrament z kałamarnicy
- 1 pęczek pietruszki
- 2 łyżki stołowe. papryka
- 550 gramów kalmarów (oczyszczonych)
- 1 łyżka. sól
- 2 seler (pokrojony w kostkę)
- 1 świeży liść laurowy
- 2 średniej wielkości pomidory (starte)
- 300 g ryżu calasparra
- 125 ml białego wina
- 2 szklanki bulionu rybnego
- 1 cytryna

INSTRUKCJE:

a) Na patelnię wlać oliwę z oliwek. W misce wymieszaj cebulę, liść laurowy, pieprz i czosnek. Pozostaw na kilka minut do smażenia.

b) Wrzuć kalmary i owoce morza. Gotuj przez kilka minut, a następnie wyjmij kalmary/owoce morza.

c) W dużej misce wymieszaj paprykę, pomidory, sól, seler, wino i pietruszkę. Odczekaj 5 minut, aż warzywa dokończą gotowanie.

d) Na patelnię wrzucamy opłukany ryż. W misce wymieszaj bulion rybny i atrament z kałamarnicy.

e) Gotuj w sumie 10 minut. Połącz owoce morza i kalmary w dużej misce.

f) Gotuj jeszcze 5 minut.

g) Podawać z aioli lub cytryną.

60. Gulasz z królika w pomidorach o

SKŁADNIKI:
- 1 cały królik , pokrojony na kawałki
- 1 liść laurowy
- 2 duże cebule
- 3 ząbki czosnku
- 2 łyżki stołowe. Oliwa z oliwek
- 1 łyżka. słodka papryka
- 2 gałązki świeżego rozmarynu
- 1 puszka pomidorów
- 1 gałązka tymianku
- 1 szklanka białego wina
- 1 łyżka. sól
- 1 łyżka. pieprz

INSTRUKCJE:
a) Na patelni rozgrzej oliwę z oliwek na średnim ogniu.
b) Rozgrzej olej i dodaj kawałki królika. Smażyć, aż kawałki będą równomiernie brązowe.
c) Usuń go po zakończeniu.
d) Na tę samą patelnię dodaj cebulę i czosnek. Gotuj, aż będzie całkowicie miękkie.
e) W dużej misce wymieszaj tymianek, paprykę, rozmaryn, sól, pieprz, pomidory i liść laurowy. Pozostaw na 5 minut na gotowanie.
f) Zalać winem kawałki królika. Gotuj pod przykryciem przez 2 godziny lub do momentu, aż kawałki królika zostaną ugotowane, a sos zgęstnieje.
g) Podawać ze smażonymi ziemniakami lub tostami.

61.Krewetki Z Koprem Włoskim

SKŁADNIKI:

- 1 łyżka. sól
- 1 łyżka. pieprz
- 2 ząbki czosnku (w plasterkach)
- 2 łyżki stołowe. Oliwa z oliwek
- 4 łyżki sherry manzanilla
- 1 bulwa kopru włoskiego
- 1 garść łodyg pietruszki
- 600 g pomidorków koktajlowych
- 15 dużych krewetek, obranych
- 1 szklanka białego wina

INSTRUKCJE:

a) W dużym rondlu rozgrzej olej. Do miski włóż pokrojone ząbki czosnku. Pozostawić do smażenia, aż czosnek stanie się złocistobrązowy.

b) Do mieszanki dodaj koper włoski i pietruszkę. Gotuj przez 10 minut na małym ogniu.

c) W dużej misce wymieszaj pomidory, sól, pieprz, sherry i wino. Doprowadzić do wrzenia przez 7 minut lub do momentu, aż sos będzie gęsty.

d) Na wierzchu ułóż obrane krewetki. Gotuj przez 5 minut lub do momentu, aż krewetki staną się różowe.

e) Uzkorować posypką listków pietruszki.

f) Podawać z kawałkiem chleba.

ZSER

62.Flan z Leche (flan hiszpański)

SKŁADNIKI:

- 1 szklanka cukru (do karmelu)
- 6 dużych jaj
- 1 14-uncjowa puszka słodzonego skonznsowanego mleka
- 1 12-uncjowa puszka skonznsowanego mleka
- 1 łyżka ekstraktu waniliowego

INSTRUKCJE:

a) Rozgrzej piekarnik do 350°F (175°C). Zacznij od zrobienia karmelu. W średnim rondlu, na średnim ogniu, rozpuść cukier, aż będzie złoty. Ostrożnie wlać gorący karmel do okrągłej formy do pieczenia, mieszając, aby pokrył dno.

b) W blenzrze połącz jajka, mleko skonznsowane, mleko zagęszczone i ekstrakt waniliowy. Mieszaj, aż będzie gładka.

c) Wlać masę jajeczną na karmel w naczyniu do pieczenia. Umieść to naczynie w większej formie do pieczenia i wlej gorącą wodę do zewnętrznej formy (mniej więcej do połowy wysokości boków naczynia do pieczenia).

d) Piec w nagrzanym piekarniku przez około 60 minut lub do momentu, aż ciasto się zetnie. Pozostawić do ostygnięcia, następnie wstawić do lodówki na co najmniej 4 godziny.

e) Przed podaniem przesuń nożem po krawędziach ciasta i przełóż je na talerz. Sos karmelowy spłynie po flanie.

63.Tarta z Santiago (ciasto migdałowe)

SKŁADNIKI:
- 2 szklanki zmielonych migdałów
- 1 szklanka cukru
- 4 jajka
- Skórka z 1 cytryny
- 1 łyżeczka mielonego cynamonu
- Cukier puzr do posypania
- Opcjonalnie: 1/2 łyżeczki ekstraktu migdałowego

INSTRUKCJE:
a) Rozgrzej piekarnik do 175°C i natłuść okrągłą foremkę do ciasta o średnicy 8 lub 9 cali, wykładając ją pergaminem.
b) W dużej misce wymieszaj zmielone migdały, cukier, skórkę z cytryny i cynamon.
c) W osobnej misce ubijaj jajka, aż się spienią. Włóż jajka do mieszanki migdałowej, aż dobrze się połączą. Jeśli używasz, dodaj ekstrakt migdałowy.
d) Wlać ciasto do przygotowanej formy i piec przez około 25-30 minut lub do momentu, aż wykałaczka wbita w środk będzie sucha.
e) Zanim przeniesiesz ciasto na metalową kratkę, poczekaj, aż ostygnie na patelni. Po ostudzeniu posypać cukrem pudrem. Tradycyjnie pośrodku znajduje się krzyż św. Jakuba (Cruz z Santiago).

64. Serowa Galette z Salami

SKŁADNIKI:

- 130 g masła
- 300 g mąki
- 1 łyżeczka soli
- 1 jajko
- 80 ml mleka
- 1/2 łyżeczki octu
- Pożywny:
- 1 pomidor
- 1 słodka papryka
- cukinia
- salami
- ser Mozzarella
- 1 łyżka oliwy z oliwek
- zioła (takie jak tymianek, bazylia, szpinak)

INSTRUKCJE:

a) Pokrój masło w kostkę.
b) W misce lub na patelni wymieszaj olej, mąkę i sól i posiekaj nożem.
c) Włóż jajko, trochę octu i trochę mleka.
d) Rozpocznij wyrabianie ciasta. Po zwinięciu w kulkę i owinięciu w folię spożywczą należy przechowywać w lodówce przez pół godziny.
e) Pokrój wszystkie składniki nadzienia.
f) Umieść nadzienie na środku dużego koła ciasta rozwałkowanego na pergaminie do pieczenia (z wyjątkiem mozzarelli).
g) Skropić oliwą z oliwek i doprawić solą i pieprzem.
h) Następnie ostrożnie podnieś brzegi ciasta, owiń je wokół zachodzących na siebie części i lekko dociśnij.
i) Rozgrzej piekarnik do 200°C i piecz przez 35 minut. Na dziesięć minut przed końcem pieczenia dodaj mozzarellę i kontynuuj pieczenie.
j) Natychmiast podawaj!

65. Kremowe ciasto z ricottą

SKŁADNIKI:

- 1 ciasto kupione w sklepie
- 1 ½ funta sera ricotta
- ½ szklanki serka mascarpone
- 4 ubite jajka
- ½ szklanki białego cukru
- 1 łyżka. Brandy

INSTRUKCJE:

a) Rozgrzej piekarnik do 350 stopni Fahrenheita.
b) Wszystkie składniki nadzienia połączyć w misce miksującej. Następnie wlać mieszaninę do ciasta.
c) Rozgrzej piekarnik do 350°F i piecz przez 45 minut.
d) Przed podaniem ciasto należy przechowywać w lodówce przez co najmniej 1 godzinę.

66. ciasteczka anyżowe

SKŁADNIKI:
- 1 szklanka cukru
- 1 szklanka masła
- 3 szklanki mąki
- ½ szklanki mleka
- 2 ubite jajka
- 1 łyżka. proszek do pieczenia
- 1 łyżka. ekstrakt migdałowy
- 2 łyżeczki likier anyżowy
- 1 szklanka cukru pudru

INSTRUKCJE:
a) Rozgrzej piekarnik do 375 stopni Fahrenheita.
b) Ubij cukier i masło, aż masa będzie jasna i puszysta.
c) Stopniowo dodawaj mąkę, mleko, jajka, proszek do pieczenia i ekstrakt migdałowy.
d) Zagniataj ciasto, aż stanie się lepkie.
e) Z kawałków ciasta o długości 1 cala formuj małe kulki.
f) Rozgrzej piekarnik do 350°F i nasmaruj blachę do pieczenia. Ułóż kulki na blasze do pieczenia.
g) Rozgrzej piekarnik do 350°F i piecz ciasteczka przez 8 minut.
h) W misce wymieszaj likier anyżowy, cukier puzr i 2 łyżki gorącej wody.
i) Na koniec zanurz ciasteczka w polewie, gdy są jeszcze ciepłe.
j)

67. Ciasto Karmelowe

SKŁADNIKI:
- 1 łyżka. ekstrakt waniliowy
- 4 jajka
- 2 puszki mleka (1 zagęszczone i 1 słodzone skonznsowane)
- 2 szklanki do ubijania krem
- 8 łyżek cukier

INSTRUKCJE:
a) Rozgrzej piekarnik do 350 stopni Fahrenheita.
b) Na patelni z powłoką nieprzywierającą rozpuść cukier na średnim ogniu, aż uzyska złoty kolor.
c) Wlać płynny cukier do formy do pieczenia, gdy jest jeszcze gorąca.
d) W naczyniu miksującym rozbić i ubić jajka. W misce miksującej połącz mleko skonznsowane, ekstrakt waniliowy, śmietankę i mleko słodzone. Zrób dokładne wymieszanie.
e) Wlać ciasto do roztopionej, posypanej cukrem formy do pieczenia. Umieść patelnię w większym garnku z 1 calową wrzącą wodą.
f) Piec przez 60 minut.

68. Krem kataloński

SKŁADNIKI:
- 4 żółtka
- 1 cynamon (laska)
- 1 cytryna (skórka)
- 2 łyżki stołowe. skrobia kukurydziana
- 1 szklanka cukru
- 2 szklanki mleka
- 3 szklanki świeżych owoców (jagody lub figi)

INSTRUKCJE:
a) Na patelni ubić żółtka z dużą porcją cukru. Mieszaj, aż mieszanina będzie pienista i gładka.
b) Dodać laskę cynamonu i skórkę z cytryny. Zrób dokładne wymieszanie.
c) Wymieszaj skrobię kukurydzianą i mleko. Mieszaj na małym ogniu, aż mieszanina zgęstnieje.
d) Wyjmij garnek z piekarnika. Pozostawić do ostygnięcia na kilka minut.
e) Umieść mieszaninę w ramekinach i odłóż na bok.
f) Odstawić na co najmniej 3 godziny do lodówki.
g) Gdy będzie gotowy do podania, posyp kokilki pozostałym cukrem.
h) Ułożyć kokilki na dolnej półce kotła. Pozwól, aby cukier się rozpuścił, aż uzyska złotobrązowy kolor.
i) Jako zkorację podawać z owocami.

69. Hiszpański krem pomarańczowo-cytrynowy

SKŁADNIKI:

- 4½ łyżeczki Zwykła żelatyna
- ½ szklanki Sok pomarańczowy
- ¼ szklanki Sok cytrynowy
- 2 kubki mleko
- 3 Jajka, oddzielone
- ⅔ szklanki Cukier
- Szczypta soli
- 1 łyżka stołowa Tarta skórka pomarańczowa

INSTRUKCJE:

a) Wymieszaj żelatynę, sok pomarańczowy i sok z cytryny i odstaw na 5 minut.
b) Zagotuj mleko, dodaj żółtka, cukier, sól i skórkę pomarańczową.
c) Gotuj w podwójnym bojlerze, aż pokryje grzbiet łyżki (na gorącej, nie wrzącej wodzie).
d) Następnie dodaj mieszaninę żelatyny. Fajny.
e) dodajemy ubite na sztywno białka.
f) Przechowywać w lodówce do ustawienia.

70.D zgniły melon

SKŁADNIKI:

- Do dania Wybór od 3 do 6 różnych serów hiszpańskich
- 1 Wino porto butelkowe
- 1 Melon , usunięta górna część i pozbawiona nasion

INSTRUKCJE:

a) Na jezn do trzech dni przed kolacją wlej porto do melona.
b) Schłodzić w lodówce, owiniętej folią i z wymienioną górną częścią.
c) Wyjmij melona z lodówki, zzjmij folię i przykryj wierzch, gdy będzie gotowy do podania.
d) Wyjmij port z melona i przełóż go do miski.
e) Po usunięciu skórki melona pokroić na kawałki. Kawałki układamy w czterech oddzielnych, schłodzonych naczyniach.
f) Podawać na przystawce z serami.

71. Sorbet migdałowy

SKŁADNIKI:
- 1 filiżanka Blanszowane migdały; Opieczony
- 2 kubki Woda źródlana
- ¾ szklanki Cukier
- 1 szczypta Cynamon
- 6 łyżek Syrop kukurydziany
- 2 łyżki stołowe Amaretto
- 1 łyżeczka Skórki z cytryny

INSTRUKCJE:

a) W robocie kuchennym zmiel migdały na proszek. W dużym rondlu wymieszaj wodę, cukier, syrop kukurydziany, likier, skórkę i cynamon, a następnie dodaj zmielone orzechy.

b) Na średnim ogniu stale mieszaj, aż cukier się rozpuści i mieszanina zagotuje. 2 minuty przy gotowaniu

c) Odstawić do ostygnięcia. Używając maszyny do lodów, ubijaj mieszaninę, aż będzie na wpół zamrożona.

d) Jeśli nie masz maszyny do lodów, przenieś mieszaninę do miski ze stali nierdzewnej i zamrażaj do twardości, mieszając co 2 godziny.

72. Hiszpański tort jabłkowy

SKŁADNIKI:
- ¼ funta Masło
- ½ szklanki Cukier
- 1 Żółtko jaja
- 1 ½ szklanki Przesiana mąka
- 1 kreska Sól
- ⅛ łyżeczki Proszek do pieczenia
- 1 filiżanka mleko
- ½ Skórka cytrynowa
- 3 Żółtka
- ¼ szklanki Cukier
- ¼ szklanki Mąka
- 1 ½ łyżki Masło
- ¼ szklanki Cukier
- 1 łyżka stołowa Sok cytrynowy
- ½ łyżeczki Cynamon
- 4 Jabłka obrane i pokrojone w plasterki
- Jabłko; morelowa lub inna ulubiona galaretka

INSTRUKCJE:

a) Rozgrzej piekarnik do 350°F. W misce wymieszaj cukier i masło. Wymieszaj pozostałe składniki, aż uformuje się kula.

b) Rozwałkuj ciasto na formę do pieczenia lub tortownicę. Przechowywać w lodówce do momentu użycia.

c) W misce wymieszaj sok z cytryny, cynamon i cukier. Wymieszać z jabłkami i wymieszać. Jest to coś, co można zrobić wcześniej.

d) Dodaj skórkę z cytryny do mleka. Doprowadzić mleko do wrzenia, następnie zmniejszyć ogień na 10 minut. W międzyczasie w rondlu o grubym dnie wymieszaj żółtka z cukrem.

e) Gdy mleko będzie już gotowe, powoli wlewaj je do masy żółtkowej, cały czas ubijając na małym ogniu. Powoli wsypywać mąkę cały czas ubijając na małym ogniu.

f) Kontynuuj ubijanie, aż mieszanina będzie gładka i gęsta. Zzjmij patelnię z ognia. Powoli mieszaj masło, aż się rozpuści.

g) Wypełnij spód kremem. Aby zrobić pojedynczą lub podwójną warstwę, połóż jabłka na wierzchu. Po upieczeniu włóż tort do piekarnika nagrzanego na 350°F na około 1 godzinę.

h) Wyjąć i odstawić do ostygnięcia. Gdy jabłka ostygną, podgrzej wybraną galaretkę i skrop nią wierzch.

i) Galaretkę odstawić do ostygnięcia. Podawać.

73. Krem karmelowy

SKŁADNIKI:

- ½ szklanki Cukier granulowany
- 1 łyżeczka Woda
- 4 Żółtka lub 3 całe jajka
- 2 kubki Mleko, oparzone
- ½ łyżeczki Ekstrakt waniliowy

INSTRUKCJE:

a) Na dużej patelni wymieszaj 6 łyżek cukru i 1 szklankę wody. Podgrzewaj na małym ogniu, od czasu do czasu potrząsając lub mieszając drewnianą łyżką, aby uniknąć przypalenia, aż cukier zmieni kolor na złoty.

b) Tak szybko, jak to możliwe, wlej syrop karmelowy do płytkiego naczynia do pieczenia (8 x 8 cali) lub talerza do ciasta. Pozostawić do ostygnięcia, aż będzie twarz.

c) Rozgrzej piekarnik do 325 stopni Fahrenheita.

d) Albo ubić żółtka, albo całe jajka. Wymieszaj mleko, ekstrakt waniliowy i pozostały cukier, aż do całkowitego połączenia.

e) Na wierzch wylać ostudzony karmel.

f) Umieść naczynie do pieczenia w gorącej łaźni wodnej. Piec przez 1-112 godzin lub do momentu, aż środk się stwardnieje. Fajne, fajne, fajne.

g) Przed podaniem ostrożnie przełóż danie na talerz.

74. Sernik hiszpański

SKŁADNIKI:

- 1 funt Ser topiony
- 1 ½ szklanki Cukier; Granulowany
- 2 jajka
- ½ łyżeczki Cynamon; Grunt
- 1 łyżeczka Skórka z cytryny; Tarty
- ¼ szklanki Niewybielona mąka
- ½ łyżeczki Sól
- 1 x Cukier cukierników
- 3 łyżki Masło

INSTRUKCJE:

a) Rozgrzej piekarnik do 400 stopni Fahrenheita. W dużej misce wymieszaj ser, 1 łyżkę masła i cukier. Nie rzucaj.
b) Dodawać po jednym jajku, dokładnie ubijając po każdym dodaniu.
c) Połącz cynamon, skórkę cytrynową, mąkę i sól. Nasmaruj patelnię pozostałymi 2 łyżkami masła, rozprowadzając je równomiernie palcami.
d) Wlać ciasto do przygotowanej formy i piec w temperaturze 400 stopni przez 12 minut, następnie zmniejszyć do 350 stopni i piec przez kolejne 25 do 30 minut. Nóż powinien być wolny od wszelkich pozostałości.
e) Gdy ciasto ostygnie do temperatury pokojowej, posyp je cukrem pudrem.

75. Hiszpański smażony krem

SKŁADNIKI:
- 1 Laska cynamonu
- Skórka z 1 cytryny
- 3 filiżanki mleko
- 1 filiżanka Cukier
- 2 łyżki stołowe Skrobia kukurydziana
- 2 łyżeczki Cynamon
- Mąka; do pogłębiania
- Mycie jajek
- Oliwa z oliwek; do smażenia

INSTRUKCJE:

a) Połącz laskę cynamonu, skórkę cytryny, 34 szklanki cukru i 212 szklanek mleka w garnku ustawionym na średnim ogniu.

b) Doprowadź do wrzenia na małym ogniu, następnie zmniejsz ogień na mały i gotuj przez 30 minut. Usuń skórkę z cytryny i laskę cynamonu. Połącz pozostałe mleko i skrobię kukurydzianą w małej misce do mieszania.

c) Dokładnie wymieszaj. Powolnym, stałym strumieniem wymieszaj mieszaninę skrobi kukurydzianej z podgrzanym mlekiem. Doprowadzić do wrzenia, następnie zmniejszyć ogień i gotować przez 8 minut, często mieszając. Zzjmij z ognia i wlej do 8-calowego naczynia do pieczenia wysmarowanego masłem.

d) Pozostawić do całkowitego ostygnięcia. Przykryj i schładzaj, aż całkowicie wystygnie. Z kremu uformuj 2-calowe trójkąty.

e) W misce wymieszaj pozostałe 14 szklanek cukru z cynamonem. Dokładnie wymieszać. Obtocz trójkąty w mące, aż zostaną całkowicie pokryte.

f) Zanurz każdy trójkąt w płynie jajecznym i odsącz nadmiar. Ponownie dodaj budyń do mąki i całkowicie ją pokryj.

g) Rozgrzej olej na dużej patelni na średnim ogniu. Umieścić trójkąty na gorącym oleju i smażyć przez 3 minuty lub do momentu, aż z obu stron się zarumienią.

h) Zzjmij kurczaka z patelni i odsącz go na ręcznikach papierowych. Wymieszaj z cukrem cynamonowym i dopraw solą i pieprzem.

i) W ten sam sposób postępuj z pozostałymi trójkątami.

76. Hiszpańskie cukierki orzechowe

SKŁADNIKI:
- 1 filiżanka mleko
- 3 filiżanki Jasnobrązowy cukier
- 1 Łyżka masła
- 1 łyżeczka Ekstrakt waniliowy
- 1 funt mięso z orzechów włoskich; posiekana

INSTRUKCJE:
a) Mleko zagotuj z brązowym cukrem, aż się skarmelizuje, następnie dodaj masło i esencję waniliową tuż przed podaniem.
b) Tuż przed zdjęciem cukierka z ognia dodajemy orzechy włoskie.
c) W dużej misce dokładnie wymieszaj orzechy i przełóż mieszaninę do przygotowanych foremek na muffiny.
d) Od razu pokrój ostrym nożem w kwadraty.

77.Miód i budyń

SKŁADNIKI:
- ¼ szklanki Masło niesolone
- 1 ½ szklanki mleko
- 2 duże Jajka; lekko pobity
- 6 plasterków Biały chleb wiejski; rozdarty
- ½ szklanki Jasne; cienki miód, plus
- 1 łyżka stołowa Jasne; cienki miód
- ½ szklanki Gorąca woda; plus
- 1 łyżka stołowa Gorąca woda
- ¼ łyżeczki Mielony cynamon
- ¼ łyżeczki Wanilia

INSTRUKCJE:
a) Rozgrzej piekarnik do 350 stopni i użyj odrobiny masła do wysmarowania masłem 9-calowego szklanego naczynia na ciasto. Wymieszaj mleko i jajka, następnie dodaj kawałki chleba i obróć, aby równomiernie je pokryły.
b) Pozostaw chleb do namoczenia na 15 do 20 minut, obracając raz lub dwa razy. Na dużej patelni z powłoką nieprzywierającą rozgrzej pozostałe masło na średnim ogniu.
c) Namoczony chleb smażymy na maśle na złoty kolor, około 2 do 3 minut z każzj strony. Przełożyć chleb do naczynia do pieczenia.
d) W misce połącz miód z gorącą wodą i mieszaj, aż mieszanina będzie równomiernie wymieszana.
e) Dodaj cynamon i wanilię i posmaruj powstałą mieszanką cały chleb.
f) Piec przez około 30 minut lub do złotego koloru.

78. Hiszpański tort cebulowy

SKŁADNIKI:
- ½ łyżeczki Oliwa z oliwek
- 1 litr Cebula hiszpańska
- ¼ szklanki Woda
- ¼ szklanki czerwone wino
- ¼ łyżeczki Suszony rozmaryn
- 250 gramów Ziemniaki
- 3/16 szklanki Jogurt naturalny
- ½ łyżki Zwykła mąka
- ½ jajko
- ¼ szklanki parmezan
- ⅛ szklanki Posiekana pietruszka

INSTRUKCJE:
a) Przygotuj cebulę hiszpańską, pokrój ją w cienkie plasterki i zetrzyj ziemniaki oraz parmezan.
b) Na patelni o grubym dnie rozgrzej olej. Smaż, mieszając od czasu do czasu, aż cebula będzie miękka.
c) Gotuj na wolnym ogniu przez 20 minut lub do momentu, aż płyn odparuje, a cebula zmieni kolor na ciemnoczerwonawo-brązowy.
d) W misce wymieszaj rozmaryn, ziemniaki, mąkę, jogurt, jajko i parmezan. Wrzucić cebulę.
e) W dobrze natłuszczonym żaroodpornym naczyniu o średnicy 25 cm równomiernie rozłóż składniki . Rozgrzej piekarnik do 200°C i piecz przez 35-40 minut lub do złotego koloru.
f) Przed pokrojeniem w kliny i podaniem uzkoruj natką pietruszki.

79. Suflet hiszpański z patelni

SKŁADNIKI:
- 1 Puzłko Hiszpański szybki brązowy ryż
- 4 Jajka
- 4 uncje Posiekane zielone chilli
- 1 filiżanka Woda
- 1 filiżanka Startego sera

INSTRUKCJE:
a) Postępuj zgodnie z INSTRUKCJĄ na opakowaniu : do gotowania zawartości puzłka.
b) Gdy ryż będzie gotowy, wymieszaj pozostałe składniki oprócz sera.
c) Posyp startym serem i piecz w temperaturze 325°F przez 30-35 minut.
d)

NAPOJE

80.Rum i Imbir

SKŁADNIKI:
- 50ml rumu Bacardi
- 100 ml piwa imbirowego
- 2 plasterki limonki
- 2 kreski Angostura Bitters
- 1 gałązka mięty

INSTRUKCJE:
a) Dodaj lód do szklanki.
b) Dodaj sok z limonki, rum, piwo imbirowe i Bitters .
c) Zlikatnie wymieszaj składniki ze sobą.
d) Uzkoruj plasterkiem limonki i listkami mięty.
e) Podawać.

81. Hiszpańska Sangria

SKŁADNIKI:

- 1 pomarańcza, pokrojona w plasterki
- 2 cytryny, pokrojone w plasterki
- 1/2 szklanki cukru
- 2 butelki czerwonego wina
- 2 uncje potrójnej sekundy
- 1/2 szklanki brandy
- 2 (12-uncjowe) puszki napoju gazowanego cytrynowo-limonkowego

INSTRUKCJE:

a) W dużej misce ponczowej pokrój pomarańczę i cytryny w plasterki o grubości 1/8 cala.
b) Dodaj 1/2 szklanki cukru (lub mniej, jeśli to konieczne) i pozostaw owoce w cukrze na około 10 minut, wystarczająco długo, aby wypłynęły naturalne soki owocowe.
c) Dodać wino i dobrze wymieszać, aby cukier się rozpuścił.
d) Dodaj triple sec i brandy.
e) Dodać 2 puszki napoju gazowanego i wymieszać
f) W razie potrzeby dodaj więcej cukru lub sody. Sprawdź, czy cukier całkowicie się rozpuścił.
g) Aby całkowicie schłodzić misę ponczową, dodaj dużą ilość lodu.
h) Jeśli podajesz sangrię w dzbankach, napełnij je do połowy lozm i zalej sangrią.

82. Tinto z Verano

SKŁADNIKI:
- 3 do 4 kostek lodu
- 1/2 szklanki czerwonego wina
- 1/2 szklanki napoju gazowanego cytrynowo-limonkowego
- Kawałek cytryny, do zkoracji

INSTRUKCJE:
a) W wysokiej szklance umieść kostki lodu.
b) Wlać czerwone wino i napój gazowany.
c) Podawać z plasterkiem cytryny jako zkorację.

83. Sangria z białego wina

SKŁADNIKI:
- 3 średnie pomarańcze lub 1 szklanka soku pomarańczowego
- 1 cytryna, pokrojona w ósemki
- 1 limonka, pokrojona w ósemki
- 1 butelka białego wina, schłodzonego
- 2 uncje brandy, opcjonalnie
- 2/3 szklanki białego cukru
- 2 szklanki napoju gazowanego lub piwa imbirowego

INSTRUKCJE:
a) W dzbanku wyciśnij sok z kawałków cytrusów.
b) Usuń nasiona i wrzuć kawałki, jeśli to możliwe. Napełnij dzbanek sokiem pomarańczowym, jeśli zamiast niego go używasz.
c) Wlać białe wino do owoców w dzbanku.
d) Dodaj brandy i cukier, jeśli używasz. Aby mieć pewność, że cały cukier się rozpuścił, energicznie mieszaj.
e) Przechowuj w lodówce, jeśli nie podajesz od razu.
f) Aby sangria zachowała musujący smak, tuż przed podaniem dodaj piwo imbirowe lub napój gazowany.

84.Horchata

SKŁADNIKI:

- 1 szklanka białego ryżu długoziarnistego
- 1 laska cynamonu, złamana
- 1 łyżeczka skórki z limonki
- 5 szklanek wody pitnej (podzielone)
- 1/2 szklanki granulowanego cukru

INSTRUKCJE:

a) Ryż zmiel w blenzrze, aż uzyska mączną konsystencję.
b) Wymieszaj z laską cynamonu i skórką z limonki i odstaw na noc w szczelnym pojemniku w temperaturze pokojowej.
c) Włóż mieszaninę ryżu do blenzra i miksuj, aż kawałki laski cynamonu zostaną całkowicie rozbite.
d) Do mieszaniny dodaj 2 szklanki wody.
e) Namoczyć w lodówce na kilka godzin.
f) Przecedź płyn przez drobne sito lub kilka warstw gazy do dzbanka lub miski, często ściskając, aby usunąć jak najwięcej mlecznej wody ryżowej.
g) Wymieszaj 3 szklanki wody i cukier, aż cukier całkowicie się rozpuści.
h) Przed podaniem horchatę należy schłodzić.

85.Licor 43 Cuba Libre

SKŁADNIKI:

- 1 uncja Likoru 43
- 1/2 uncji rumu
- 8 uncji coli
- 1/2 uncji soku z cytryny
- Plasterek cytryny, do zkoracji

INSTRUKCJE:

a) Umieść kostki lodu w szklance o pojemności 12 uncji.
b) Do szklanki włóż Licor 43 i rum; uzupełnij colą.
c) Do szklanki wyciśnij sok z cytryny; Mieszaj, aby połączyć; i podawaj z plasterkiem cytryny jako zkoracją.
d) Cieszyć się!

86. Owoce Świeża woda

SKŁADNIKI:

- 4 szklanki wody pitnej
- 2 szklanki świeżych owoców
- 1/4 szklanki cukru
- 2 łyżeczki świeżo wyciśniętego soku z limonki
- ćwiartki limonki do zkoracji
- lód

INSTRUKCJE:

a) Połącz wodę, cukier i owoce w blenzrze.
b) Puree, aż będzie całkowicie gładkie. Napełnij dzbanek lub pojemnik do serwowania mieszaniną do połowy.
c) Dodać sok z limonki i wymieszać do połączenia. W razie potrzeby po zgustacji dodać więcej cukru.
d) Podawać z cząstką cytryny lub limonki jako zkorację.
e) Jeśli chcesz, podawaj z lozm.

87.Caipirinha

SKŁADNIKI:

- 1/2 limonki
- 1 1/2 łyżeczki drobnego cukru
- 2 uncje cachaça/likieru z trzciny cukrowej
- Krążek limonkowy do zkoracji

INSTRUKCJE:

a) Za pomocą noża pokrój połowę limonki na małe kliny.
b) W staromodnej szklance rozgnieć limonkę i cukier.
c) Dodaj cachaçę do napoju i dobrze wymieszaj.
d) Dodaj małe kostki lodu lub połamany lód do szklanki, ponownie zamieszaj, a następnie uzkoruj kółkiem limonki.

88. Carajillo

SKŁADNIKI:
- ½ filiżanki parzonego espresso lub espresso bezkofeinowego
- 1 ½ do 2 uncji Licor 43
- 8 kostek lodu

INSTRUKCJE:
a) Wlej 12 do 2 uncji Licor 43 na lód w szklance Old Fashioned.
b) Powoli nałóż na wierzch świeżo zaparzone espresso.
c) Wlej espresso na grzbiet łyżki, aby uzyskać efekt warstwowy, a następnie podawaj.

89. Likier cytrynowy

SKŁADNIKI:
- Preferowane organiczne 10 cytryn
- 4 szklanki wódki wysokiej jakości, np. Grey Goose
- 3 ½ szklanki wody
- 2 ½ szklanki granulowanego cukru

INSTRUKCJE:
a) Umyj cytryny szczotką do warzyw i gorącą wodą, aby usunąć pozostałości pestycydów lub wosku. Wytrzyj cytryny do sucha.
b) Usuń skórkę z cytryn w długich paskach za pomocą obieraczki do warzyw, używając tylko żółtej zewnętrznej części skórki. Miąższ, czyli biała część znajdująca się pod skórką, jest niezwykle gorzki. Zachowaj cytryny do wykorzystania w innym naczyniu.
c) Do dużego słoika lub dzbanka wlej wódkę.
d) Wrzuć skórki cytryny do dużego słoika lub dzbanka i przykryj pokrywką lub folią spożywczą.
e) Skórki cytryny moczymy w wódce w temperaturze pokojowej przez 10 dni.
f) Po 10 dniach włóż wodę i cukier do dużego rondla i postaw na średnim ogniu, doprowadzając do powolnego wrzenia, około 5 – 7 minut. Pozostawić do całkowitego ostygnięcia.
g) Zzjmij syrop z ognia i odstaw do ostygnięcia, a następnie połącz go z mieszanką Limoncello ze skórek cytryny i wódki. Napełnij mieszaninę cytryny i wódki do połowy syropem cukrowym.
h) Za pomocą sitka, filtra do kawy lub gazy odcedź limoncello.
i) Wyrzuć skórki. Za pomocą małego lejka przelej zawartość do butelek z ozdobnymi zaciskami.
j) Butelki należy przechowywać w lodówce, aż całkowicie ostygną.

90. Sgroppino

SKŁADNIKI:
- 4 uncje wódki
- 8 uncji Prosecco
- 1 porcja sorbetu cytrynowego
- Opcjonalne zkoracje
- skórki z cytryny
- cząstki cytryny
- nuta cytryny
- świeże liście mięty
- świeże liście bazylii

INSTRUKCJE:
a) W blenzrze połącz pierwsze trzy składniki .
b) Przetwarzaj, aż będzie gładka i wymieszana.
c) Podawać w kieliszkach do szampana lub kieliszkach do wina.

91. Aperol Spritz

SKŁADNIKI:
- 3 uncje prosecco
- 2 uncje Aperolu
- 1 uncja sody klubowej
- Zkoracja: plasterek pomarańczy

INSTRUKCJE:

a) W kieliszku do wina wypełnionym lozm wymieszaj prosecco, aperol i sodę klubową.

b) Dodaj plasterek pomarańczy jako zkorację.

92. Imbir

SKŁADNIKI:

- 1 uncja soku z limonki
- 2 małe plasterki świeżego imbiru
- 4 jeżyny
- Sanpellegrino Limonata

INSTRUKCJE:

a) Rozgnieć jeżyny i świeży imbir na dnie solidnej, wysokiej szklanki (pojemność 14 uncji).
b) Do szklanki włóż kostki lodu i uzupełnij Sanpellegrino Limonata.
c) Za pomocą łyżki barowej zlikatnie połącz składniki .
d) Dodaj skórkę z cytryny, jeżyny i świeżą miętę do zkoracji.

93. Hugo

SKŁADNIKI:
- 15 cl Prosecco, schłodzone
- 2 cl syropu z czarnego bzu lub syropu z melisy
- kilka listków mięty
- 1 świeżo wyciśnięty sok z cytryny lub sok z limonki
- 3 kostki lodu
- shot gazowanej wody mineralnej lub wody sodowej
- plasterek cytryny lub limonki do zkoracji szklanki lub jako dodatek

INSTRUKCJE:
a) Do kieliszka do czerwonego wina włóż kostki lodu, syrop i liście mięty. Polecam wcześniej lekko poklepać liście mięty, gdyż aktywuje to aromat zioła.
b) Do szklanki wlej świeżo wyciśnięty sok z cytryny lub limonki. Do szklanki włóż plasterek cytryny lub limonki i dodaj chłodne Prosecco.
c) Po kilku chwilach dodaj odrobinę gazowanej wody mineralnej.

94.Hiszpańskie frappé ze świeżych owoców

SKŁADNIKI:

- 1 filiżanka Arbuz, pokrojony w kostkę
- 1 filiżanka Kantalupa, pokrojona w kostkę
- 1 filiżanka Ananas, pokrojony w kostkę
- 1 filiżanka Mango, pokrojone
- 1 filiżanka Truskawki, przekrojone na pół
- 1 filiżanka Sok pomarańczowy
- ¼ szklanki Cukier

INSTRUKCJE:

a) Połącz wszystkie składniki w misce miksującej. Napełnij blenzr do połowy zawartością i uzupełnij pokruszonym lozm.
b) Przykryj i wymieszaj na dużej prędkości, aż uzyskasz jednolitą konsystencję. Powtórz z resztą mieszanki.
c) Podawać natychmiast, ewentualnie ze świeżymi owocami.

95. Gorąca czekolada w stylu hiszpańskim

SKŁADNIKI:

- ½ funta Słodka czekolada piekarnicza
- 1 kwarta Mleko; (lub 1/2 mleka i połowy wody)
- 2 łyżeczki Skrobia kukurydziana

INSTRUKCJE:

a) Czekoladę łamiemy na małe kawałki i łączymy w ronzlku z mlekiem.
b) Podgrzewaj powoli, ciągle mieszając trzepaczką, aż mieszanina osiągnie temperaturę tuż poniżej wrzenia.
c) Używając kilku łyżek wody, rozpuść skrobię kukurydzianą.
d) Dodawaj rozpuszczoną skrobię kukurydzianą do masy czekoladowej, aż płyn zgęstnieje.
e) Podawać natychmiast w ciepłych szklankach.

96.Zielone Chinotto

SKŁADNIKI:

- 1 uncja/3 cl syropu z szałwii i mięty
- ¾ uncji/2,5 cl soku z limonki
- Dopełnij Sanpellegrino Chinotto

INSTRUKCJE:

a) Wlej cały syrop i sok do dużej, solidnej szklanki.
b) Za pomocą łyżki barowej dokładnie wszystko wymieszaj.
c) Dodaj lód do szklanki i uzupełnij Sanpellegrino Chinotto.
d) Podawać z kawałkiem limonki i świeżą miętą jako zkorację.

97. Roza Spritz

SKŁADNIKI:
- 2 uncje różanego aperitivo lub likieru różanego
- 6 uncji Prosecco lub wina musującego
- 2 uncje sody
- Kawałek grejpfruta do zkoracji

INSTRUKCJE:
a) W shakerze wymieszaj 1 część różanego Aperitivo, 3 części Prosecco i 1 część napoju gazowanego.
b) Energicznie wstrząśnij i przelej do kieliszka koktajlowego.
c) Dodaj pokruszony lód lub kostki lodu.
d) Dodaj plasterek grejpfruta jako zkorację. Wypij jak najszybciej.

98.Miód bee cortado

SKŁADNIKI:
- 2 shoty espresso
- 60 ml spienionego mleka
- 0,7 ml syropu waniliowego
- 0,7 ml syropu miodowego

INSTRUKCJE:
a) Zrób podwójne espresso.
b) Doprowadzić mleko do wrzenia.
c) Kawę wymieszać z syropami waniliowo-miodowymi i dobrze wymieszać.
d) Spieniamy cienką warstwę na mieszaninie kawy i syropu, dodając równe części mleka.

99.Gorzkie cytrusy

SKŁADNIKI:

- 4 pomarańcze, najlepiej organiczne
- 3 łyżki anyż gwiazdkowaty
- 1 łyżka goździki
- 1 łyżka zielone strąki kardamonu
- 1 łyżka Korzeń Goryczki
- 2 szklanki wódki lub innego mocnego alkoholu

INSTRUKCJE:

a) Do szklanego słoika dodaj suszoną skórkę/skórkę pomarańczy, pozostałe przyprawy i korzeń goryczki. Aby odkryć nasiona w strąkach kardamonu, zmiażdż je.

b) Używając wybranego mocnego alkoholu, całkowicie przykryj skórki pomarańczy i przyprawy.

c) Wstrząsać mieszaninę z alkoholem przez kilka następnych dni. Odczekaj kilka dni lub tygodni, aż skórki pomarańczy i przyprawy przenikną do alkoholu.

d) Z aromatycznej nalewki alkoholowej odcedź skórki i przyprawy.

100. Pisco Kwaśny

SKŁADNIKI:

- 2 uncje pisco
- 1 uncja prostego syropu
- ¾ uncji soku z limonki
- 1 białko jaja
- 2-3 kreski Angostura Bitters

INSTRUKCJE:

a) W shakerze koktajlowym wymieszaj pisco, sok z limonki, syrop cukrowy i białko jaja.
b) Dodaj lód i mocno wstrząśnij.
c) Przecedzić do zabytkowej szklanki.
d) Na piankę nałóż kilka kropel Angostury Bitters.

WNIOSEK

Kończymy naszą kulinarną podróż po krainie tysiąca krajobrazów, mam nadzieję, że ta książka kucharska przeniosła Cię do skąpanych w słońcu brzegów, tętniących życiem rynków i malowniczych wiosek Andaluzji. Dzięki tym 100 autentycznym przepisom celebrujemy żywe smaki, bogate tradycje i serczną gościnność, które zfiniują kuchnię andaluzyjską.

Serczcznie dziękuję za dołączenie do mnie w tej gastronomicznej przygodzie. Twój entuzjazm w odkrywaniu smaków Andaluzji uczynił tę podróż naprawdę wyjątkową. Niech przepisy, które odkryłeś w tej książce kucharskiej, zainspirują Cię do stworzenia niezapomnianych wrażeń kulinarnych, które oddają esencję kuchni andaluzyjskiej i wniosą radość na Twój stół.

Kontynuując odkrywanie kulinarnych rozkoszy Andaluzji, niech każż przygotowane przez Ciebie danie będzie hołzm dla bogatego dziedzictwa kulturowego i tradycji kulinarnych tego fascynującego regionu. Niezależnie od tego, czy zlektujesz się miską gazpacho w gorący letni dzień, zlektujesz się tapas z przyjaciółmi, czy też zlektujesz się pożywnym gulaszem w chłodny wieczór, niech smaki Andaluzji przeniosą Cię w miejsce ciepła, radości i kulinarnej rozkoszy.

Jeszcze raz dziękuję za umożliwienie mi wzięcia udziału w Twojej kulinarnej podróży po Andaluzji. Dopóki nie spotkamy się ponownie, niech Twoja kuchnia wypełni się żywymi smakami, aromatami i wspomnieniami tego pięknego regionu. ¡Buen Provecho y hasta luego!

www.ingramcontent.com/pod-product-compliance
Lightning Source LLC
Chambersburg PA
CBHW071903110526
44591CB00011B/1529